A Indexação de Livros em Bibliotecas

A Indexação de Livros em Bibliotecas

Daniela Majorie Akama dos Reis

Freitas Bastos Editora

Copyright © 2024 by Daniela Majorie Akama dos Reis

Todos os direitos reservados e protegidos pela Lei 9.610, de 19.2.1998. É proibida a reprodução total ou parcial, por quaisquer meios, bem como a produção de apostilas, sem autorização prévia, por escrito, da Editora.

Direitos exclusivos da edição e distribuição em língua portuguesa:
Maria Augusta Delgado Livraria, Distribuidora e Editora

Direção Editorial: *Isaac D. Abulafia*
Gerência Editorial: *Marisol Soto*
Diagramação e Capa: *Deborah Célia Xavier*
Revisão: *Tatiana Lopes de Paiva*
Copidesque: *Doralice Daiana da Silva*

Dados Internacionais de Catalogação na Publicação (CIP) de acordo com ISBD

R375i	Reis, Daniela Majorie Akama dos
	A Indexação de Livros em Bibliotecas / Daniela Majorie Akama dos Reis. - Rio de Janeiro, RJ : Freitas Bastos, 2024. 200 p. ; 15,5cm x 23cm.
	Inclui bibliografia. ISBN: 978-65-5675-406-2
	1. Indexação. 2. Livros. 3. Bibliotecas. I. Título.
2024-1540	CDD 025.4 CDU 025.4

Elaborado por Vagner Rodolfo da Silva - CRB-8/9410

Índice para catálogo sistemático:
1. Indexação 025.4
2. Indexação 025.4

Freitas Bastos Editora
atendimento@freitasbastos.com
www.freitasbastos.com

Dedico este livro aos meus pais, cujo amor incondicional e apoio incessante moldaram cada página deste trabalho com o calor de seu carinho. À minha irmã, cuja presença enriqueceu minha jornada com sorrisos compartilhados e laços indissolúveis. Aos meus avós, que já não estão fisicamente presentes, mas cujo legado de amor e sabedoria permeia cada linha, eternamente gravado em meu coração. E aos meus amigos mais próximos, cuja amizade e apoio inabaláveis tornaram este percurso possível, enchendo cada capítulo com lembranças preciosas e risadas compartilhadas. Este livro é uma expressão de gratidão sincera por todos vocês, que deram cor e significado à minha jornada.

ななころびやおき

Sobre a autora

Doutora em ciência da informação pela Universidade Estadual Paulista (Unesp), com tese intitulada "A Leitura Documentária de Bibliotecários Jurídicos: um Estudo Realizado a Partir de Aspectos da Semiose e Teoria da Inferência Observados na Estrutura Textual de Doutrina". Mestra em ciência da informação pela Unesp, com bolsa FAPESP (Fundação de Amparo à Pesquisa do Estado de São Paulo), e dissertação intitulada "A Importância da Observação da Estrutura Textual Durante a catalogação de assunto de Livros Científicos em Bibliotecas Universitárias: uma Análise Realizada a Partir da Técnica de Protocolo Verbal". Bacharel em Biblioteconomia pela Unesp, com bolsa de iniciação científica CNPq/PIBIC, com foco em indexação.

Sumário

1 Introdução ... 13

2 A indexação *vs.* catalogação de assuntos – conceitos e abordagens ... 17

   2.1 A indexação ... 21

   2.2 A catalogação de assuntos ... 35

3 A análise de assunto e a leitura documentária ... 41

   3.1 O *aboutness* de um documento ... 45

4 A estrutura textual de documentos ... 61

   4.1 A estrutura textual de documentos em diferentes bibliotecas ... 73

   4.2 Aspectos da semiótica observados na leitura documentária ... 93

5 Normas para indexação ... 121

   5.1 ISO 5963:1985 – Documentation – Methods for examining documents, determining their subjects, and selecting indexing terms ... 122

   5.2 ABNT NBR 12676:1992 Métodos para análise de documentos – Determinação de seus assuntos e seleção de termos de indexação ... 126

   5.3 ABNT NBR 6029 e a atualização em 2023 – Informação e documentação – Livros e folhetos ... 128

   5.4 ABNT NBR 6022:2018 – Informação e documentação – Artigo em publicação periódica científica impressa ... 147

6 Metadados e indexação ... 153

   6.1 Indexação automática ... 160

   6.2 Aplicação ... 166

   6.3 *Softwares* ... 172

Referências ... 179

Lista de Quadros

Quadro 1 – Visão geral das etapas no processo de indexação, tal como apresentado por Chan (1981, 1994), Langridge (1989), Lancaster (1991), Taylor (1999) e ISO 5963 (1985) 24

Quadro 2 – Quadro comparativo das sugestões de estrutura textual 72

Lista de Figuras

Figura 1 – Modelo de indexação proposto por Mai 26

Figura 2 – Concepção orientada ao documento e concepção orientada ao domínio 29

Figura 3 – Estratégias de leitura conforme as concepções teóricas de Brown, Kato, Cavalcanti e Cintra 57

Figura 4 – Exemplares de códigos e leis comentados e anotados 90

Figura 5 – Exemplares de livros variados de diversas áreas 91

Figura 6 – Exemplares de periódicos de diversas áreas 91

Figura 7 – Y-leg *model* de Peirce 96

Figura 8 – Modelo semiótico de indexação proposto por Mai 105

Figura 9 – Processo inferencial de indexação de acordo com Almeida, Fujita e Reis (2013) 107

Figura 10 – Dedução, indução e abdução de acordo com Eco 108

Figura 11 – Processo inferencial de indexação adaptado de Almeida, Fujita e Reis 115

Figura 12 – As condições de leitura e as variáveis observadas na leitura documentária com base em Kato 117

Figura 13 – Estrutura externa de livros 136

Figura 14 – Exemplos de capas de livros da área jurídica 138

Figura 15 – Exemplos de contracapas de livros da área jurídica 139

Figura 16 – Exemplos de orelhas de livros 140

Figura 17 – Exemplos de anverso de folhas de rosto de livros da área jurídica 141

Figura 18 – Exemplos de verso de folhas de rosto de livros da área jurídica 142

Figura 19 – Exemplos de apresentações de livros da área jurídica 143

Figura 20 – Exemplos de prefácios de livros da área jurídica 144

Figura 21 – Exemplos de sumários de livros da área jurídica 145

Figura 22 – Exemplos de capítulos – desenvolvimento do texto de livros da área jurídica 146

Figura 23 – Exemplos de artigos de periódico impresso da área jurídica 150

Figura 24 – Exemplos de artigos de periódico digital da área jurídica 151

Figura 25 – Modelo de elaboração de ficha catalográfica 168

Figura 26 – Detalhes do item na biblioteca digital 170

Figura 27 – Localização do item na biblioteca digital 170

Figura 28 – Sistemas de indexação automática utilizados no Brasil 175

1

Introdução

Este livro tem como propósito conceituar o processo de indexação em bibliotecas. O objetivo é delinear conceitos principais relacionados ao processo em geral, principalmente na fase de identificação de assunto, sem aprofundamento na fase de tradução de conceitos. Ou seja, deve-se ter em mente que este livro se restringe aos estágios preliminares de indexação e não trata das práticas de nenhum tipo específico de sistema de indexação, seja pré-coordenado ou pós-coordenado.

Inicialmente, serão apresentados conceitos fundamentais relacionados à indexação e as diferenças em relação à catalogação de assunto.

Para entender sobre a indexação é imprescindível aprender sobre a análise de assunto e leitura documentária. Outro aspecto crucial é entender a importância da análise de estruturas textuais de documentos diversos, e por este motivo, as normas são recomendadas. Considerando a evolução de publicações para suportes mais atualizados, a indexação automática e metadados também serão abordados nesse livro.

O Capítulo 2 trará conceitos e diferentes abordagens sobre indexação e catalogação de assunto. Ambos são processos de tratamento da informação cruciais na biblioteconomia e ciência da informação. Buscamos explicar os objetivos de cada processo, suas diferenças e o que têm em comum. Um aspecto importante considerado no capítulo é a aplicação de seus produtos, pois estes têm destinos diferentes. Em suma, entende-se que a indexação é considerada em alguns momentos como processo voltado à elaboração de índices e a catalogação de assunto é o processo responsável pela seleção de descritores que serão inseridos em um catálogo junto à catalogação de forma de documentos.

O Capítulo 3 é sobre a leitura documentária e a análise de assunto. A análise de assunto é considerada como a etapa de análise conceitual tanto para a indexação, como para a catalogação de assunto. Devemos ter esta distinção bem definida em mente, pois é comum confundir os processos de indexação, catalogação de assunto e análise de assunto. Acredita-se que essa confusão ocorre devido ao fato de esta última ser a etapa inicial e mais importante em ambos os processos, os passos seguintes dependem diretamente desta análise. A leitura é a forma pela qual os analistas de assunto iniciam diversos processos, como a indexação e catalogação de assunto. A leitura documentária deve ser realizada por um profissional e nunca ocorrerá de maneira padronizada. O conhecimento de estruturas textuais integra as estratégias de leitura criadas por cada leitor, influenciando diretamente na compreensão de determinado texto.

A estrutura textual de documentos é aspecto crucial a ser considerado no processo de indexação. O Capítulo 4 apresentará conceitos e exemplos de estruturas textuais de documentos diversos. Entende-se que a melhor forma de realizar uma análise segura e fiel de um documento é com base em sua estrutura textual. Os aspectos relacionados ao conhecimento prévio de estruturas de documentos são essenciais para a execução adequada da indexação. No final do capítulo é apresentada investigação sobre a teoria semiótica, relacionando alguns de seus aspectos com a leitura documentária, na qual a abdução, dedução e indução foram ligados ao processo de indexação. De acordo com recomendações de autores no capítulo, e de estudos sobre leitura documentária e semiótica, entende-se que a análise de estruturas textuais de documentos pode ser altamente produtiva do ponto de vista da indexação, quando relacionada aos aspectos da semiótica.

O Capítulo 5 traz diversas normas relacionadas à análise de documentos para a indexação. Algumas são mais específicas para o processo de indexação, como a ISO 5963:1985 – *Documentation – Methods for examining documents, determining their subjects, and selecting indexing terms* e ABNT NBR 12676:1992 – Métodos para análise de documentos. Já outras buscam oferecer apoio, como a ABNT NBR 6029:2006 – Informação e documentação – Livros e folhetos e ABNT NBR 6022:2018 – Informação e documentação – Artigo em publicação periódica científica impressa. É importante ponderar que as normas apresentadas no capítulo devem ser usadas com sabedoria, não como regras incontestáveis, e sim como guias para o profissional da indexação.

Por fim, no Capítulo 6, buscou-se entender o que são metadados e qual é a sua relação com o processo de indexação. Entende-se que um dos usos principais dos metadados é a organização de informações de itens diversos. Não importa se estes itens estejam presentes no mundo físico ou no mundo digital. Além de conceitos sobre os metadados, foram apresentados fundamentos da indexação em meio digital, ou automática. Entendemos também o conceito de biblioteca digital, em que os produtos da indexação automática podem ser encontrados. E finalmente, ainda sobre a indexação automática, foram apresentados alguns dos diversos *softwares* que podem ser usados na realização do processo de indexação automática.

2

A indexação *vs.* catalogação de assuntos – conceitos e abordagens

E ste capítulo apresentará conceitos e diferentes abordagens sobre indexação e catalogação de assunto. Ambos são procedimentos de tratamento da informação cruciais na biblioteconomia e ciência da informação.

De maneira geral, o tratamento da informação é conhecido como diversas operações de grande importância na organização de acervos e na recuperação de informação em sistemas.

De acordo com alguns estudiosos, o tratamento da informação também é conhecido como organização da informação e Representação da Informação[1].

---

1 DIAS, E. W.; NAVES, M. M. L. *Análise de assunto*: teoria e prática. 2. ed. Brasília: Briquet de Lemos, 2013. p. 9.

Especificamente no contexto da organização da informação, uma atividade que desempenha um papel mediador fundamental, surgem dois domínios distintos: o primeiro está relacionado ao acesso físico aos documentos, enquanto o segundo envolve uma complexidade maior, concentrando-se no acesso ao significado informativo. Esse último aspecto é geralmente chamado de **tratamento temático da informação – TTI** (conforme Foskett, 1973), ou como preferido por Ruiz Perez (1992), análise documental tanto em termos de forma quanto de conteúdo. Portanto, pode-se argumentar que a diferença entre essas abordagens está na exploração do aspecto "o que" (a materialidade) e do aspecto "sobre o que" (o conteúdo) que coexistem no âmbito do documento[2].

Desta forma, podemos distinguir o tratamento da informação em dois tipos, o temático, ou como define Guimarães (2009) TTI, que analisa o documento do ponto de vista do conteúdo (assunto) e o descritivo (ou de forma), que analisa o documento do ponto de vista físico do documento.

Um exemplo dos produtos do tratamento descritivo bastante comum e sempre presente em bibliotecas são as representações realizadas por meio da catalogação de forma. Este processo é sempre realizado com base em algum padrão, como, por exemplo, o AACR2 (Código de Catalogação Anglo-Americano).

O tratamento temático envolve vários processos, como a classificação, a catalogação de assunto e a indexação. A catalogação de assunto e a indexação são processos que podem ser confundidos, por terem em comum, como primeira etapa, a análise de assunto.

A etapa de análise de assunto constitui o inicial e crucial estágio da descrição temática. Os passos posteriores estão conectados à identificação

---

2   GUIMARÃES, J. A. C. Abordagens teóricas em tratamento temático da informação: catalogação de assunto, Indexação e análise documental. *In:* GARCÍA MARCO, Francisco Javier. (org.). *Avances y perspectivas en sistemas de información y de documentación.* Zaragoza: Prensas Universitarias de Zaragoza, 2009. p. 1.

de ideias fundamentais, extração de conceitos, culminando na conversão do tópico do documento para uma terminologia documental[3].

Entenderemos aqui as diferenças e semelhanças entre a indexação e a catalogação de assunto, e como ocorre a análise de assunto nestes dois processos. A análise de assunto em muitos momentos pode ser confundida com os processos de indexação e a catalogação de assunto, daí a necessidade de explicar como cada processo é realizado, quais são suas diferenças e os seus produtos.

A catalogação de assunto e a indexação são processos que fazem parte do tratamento temático da informação. Fujita, Rubi e Boccato (2009) discutem as diferenças teóricas e metodológicas entre a indexação e a catalogação de assuntos.

Essa discussão também é realizada por Guimarães (2009) em seu capítulo sobre as "Abordagens teóricas de tratamento temático da informação (TTI): catalogação de assunto, indexação e análise documental".

As etapas de indexação, catalogação por assunto, classificação e criação de resumos são vistas como métodos para condensar a informação, das quais emergem índices, catálogos de assunto, códigos de classificação e resumos. Esses elementos viabilizarão a recuperação da informação relevante para os requisitos de usuários de sistemas de informação[4].

As diferenças conceituais a respeito desses dois processos, a indexação e a catalogação de assunto, estão ligadas ao da história do desenvolvimento conceitual de cada um[5].

---

3   Dias e Naves (2013, p. 20).

4   FUJITA, M. S. L.; RUBI, M. P.; BOCCATO, V. R. C. As diferentes perspectivas teóricas e metodológicas sobre Indexação e catalogação de assuntos. *In*: FUJITA, M. S. L.; BOCCATO, V. R. C.; RUBI, M. P.; GONÇALVES, M. C. (org.). A *Indexação de livros*: a percepção de catalogadores e usuários de bibliotecas universitárias. Um estudo de observação do contexto sociocognitivo com protocolos verbais. São Paulo: Cultura Acadêmica, p. 19.

5   Fujita, Rubi e Boccato (2009, p. 19).

O termo "indexação" (*indexing*) tem origem inglesa, e o termo "catalogação de assunto" (*subject cataloguing*) tem raízes norte-americanas[6].

Ao longo do desenvolvimento da ciência da informação, o campo de tratamento temático da informação (TTI) se desenvolveu a partir de três abordagens distintas, que podem ser identificadas como: catalogação de assunto (*subject cataloguing*), de ênfase principalmente norte-americana, indexação (*indexing*), com foco principalmente inglês, e Análise Documental (*analyse documentaire*), com ênfase principalmente francesa[7].

A prática de catalogação por assunto, que remonta à segunda metade do século XIX, tem uma clara origem nos Estados Unidos, amplamente influenciada pelos princípios da catalogação alfabética de Cutter e pela tradição de cabeçalhos de assunto da Library of Congress. Seu foco está na construção do catálogo como resultado do processamento da informação em bibliotecas (*subject cataloguing*)[8].

Portanto, a catalogação de assunto tem raízes norte-americanas, já a indexação é concebida a partir da perspectiva do *indexing*, abarcando não somente o contexto tradicional das bibliotecas, mas também englobando centros de documentação especializados e o âmbito editorial. Nesse cenário, os índices, como resultados do tratamento temático da informação (TTI), são elaborados mediante o uso de linguagens de indexação, especialmente tesauros, evidenciando um enfoque mais teórico na formulação dessas linguagens[9].

Na biblioteconomia e ciência da informação, a indexação foi o conceito mais usado e estudado por autores ao longo do tempo. Entenderemos com mais profundidade a seguir.

---

6   Fujita, Rubi e Boccato (2009, p. 22).

7   GUIMARÃES, J. A. C. A *dimensão teórica do tratamento temático da informação e suas interlocuções com o universo científico da International Society for Knowledge Organization (ISKO)*. Revista Ibero-americana de Ciência da Informação (RICI), Brasília, 2008. v. 1, n. 1.

8   Guimarães (2009, p. 2).

9   Guimarães (2008, p. 83).

2.1 A indexação

Como processo crucial em bibliotecas e centros de informação diversos, a indexação, ou indexação de assuntos, implica a preparação de uma representação do conteúdo temático dos documentos[10].

A indexação desempenha um papel fundamental na análise documentária e, por conseguinte, é responsável por influenciar no mérito de um sistema de documentação[11].

A indexação também assume primordial relevância na análise documentária, já que direciona os resultados obtidos por uma estratégia de pesquisa em sistemas[12].

A indexação representa uma das maneiras de descrever o conteúdo de um documento. É o procedimento pelo qual se selecionam os termos mais adequados para representar o conteúdo de um documento[13].

A indexação constitui uma etapa vital para possibilitar a localização de documentos em um acervo documental, assegurando uma resposta precisa e eficiente a todas as solicitações ou consultas dos usuários. Isso previne qualquer ruído (quando o resultado não coincide com o que estava sendo buscado) ou silêncio (quando o documento existe, mas não pode ser encontrado)[14].

O termo "indexação" pode ser usado de três maneiras distintas na ciência da informação:

---

10 LANCASTER, F.W. *Indexação e resumos:* teoria e prática. 2.ed. Brasília: Briquet de Lemos, 2004. p. 6.

11 CHAUMIER, J. *Indexação: conceito, etapas, instrumentos.* Revista Brasileira de Biblioteconomia e Documentação, São Paulo, 1988. v. 21, n.1/2, p. 63.

12 FUJITA, M. S. L. A *identificação de conceitos no processo de análise de assunto para Indexação.* Revista Digital de Biblioteconomia e Ciência da Informação, Campinas, 2003. v. 1, n. 1, p. 62.

13 GUINCHAT, C.; MENOU, M. *Introdução geral às ciências e técnicas da informação e documentação.* 2. ed. rev. aum. Brasília: MCT/CNPq/IBICT, 1994. p. 176.

14 Chaumier (1988, p. 74).

- **Como sinônimo de organização do conhecimento em bibliotecas:** nesse sentido, inclui indexação de autor e título e a descrição dos documentos, assim como a identificação de assunto;
- **Como o ato de registrar o conteúdo de uma coleção**, em contraposição ao ato de examinar a coleção para dar uma informação ou os documentos solicitados;
- Em seu sentido mais restrito como **provendo uma chave alfabética a uma ordem sistemática:** o índice alfabético para o conteúdo de um livro arranjado sistematicamente, ou o índice alfabético para um catálogo arranjado sistematicamente (classificado)[15].

O procedimento de indexação engloba duas fases separadas: a **análise de assunto**, na qual se realiza a identificação de ideias que possam retratar o conteúdo de um documento, formuladas em linguagem natural, seguida pela **Tradução** desses termos em expressões de ferramentas de indexação, conhecidas como **linguagens de indexação**[16].

A indexação então pode resultar na organização de documentos em bibliotecas, informar sobre documentos solicitados e ser apresentada em índices alfabéticos de assuntos de livros.

É um processo importante e que deve ser realizado com atenção para garantir a representatividade do documento.

As questões primordiais da representação do conhecimento estão ligadas à linguagem e aos sentidos atribuídos. Além disso, a etapa de indexação é executada por meio de múltiplas etapas que devem ser encaradas como interpretações, em vez de serem tratadas como diretrizes mentais[17].

---

15 LANGRIDGE, D. W. *Classificação: abordagem para estudantes de biblioteconomia*. Rio de Janeiro: Interciência, 1977. p. 105.

16 NAVES, M. M. L. *Estudo de fatores interferentes no processo de análise de assunto*. Perspect. Ciênc. Inf., Belo Horizonte: 2001. v. 5, n. 2, jul./dez, p. 192.

17 MAI, J-E. *Deconstructing the Indexing Process. Advances In Librarianship*. Denmark, 2000. v. 23, p. 270).

É importante destacar que há uma distinção muito clara entre o processo cognitivo que a indexação envolve e o processo de indexação em si. Na indexação, existe uma interpretação com base na descrição da tarefa técnica do processo enquanto este é realizado.

Na literatura, alguns autores definem a indexação em:

- Dois passos (Chaumier, 1988, Lancaster, 2004);
- Três passos (Mai, 1997);
- Quatro passos (Chu; O'Brien, 1993).

Pensando no número de etapas do processo, Lancaster (2004, p. 8) considera a indexação como um processo que envolve duas etapas:

1. Análise conceitual;
2. Tradução.

Do ponto de vista intelectual, essas fases da indexação são completamente diferentes, apesar de nem sempre serem separadas de forma nítida e, de fato, podem acontecer ao mesmo tempo[18].

Chaumier (1988) também compartilha da ideia de que a indexação é realizada em dois estágios, o primeiro envolve o conhecimento do conteúdo do documento e o segundo a escolha dos conceitos.

Para Mai (1997, p. 55), a indexação ocorre em três estágios:

1. O primeiro consiste no processo de análise do documento;
2. O segundo no processo de descrição de assunto;
3. O terceiro é o processo de análise de assunto, estágio no qual ocorre a tradução dos assuntos para uma linguagem de indexação.

Para Chu e O'Brien (1993, p. 440), são quatro as etapas do processo de indexação:

---

18   Lancaster (2004, p. 9).

1. Análise de assunto do texto;
2. Expressar os assuntos nas palavras dos indexadores (quando os assuntos são passados de sua mente, para o papel ou sistema);
3. Tradução para uma linguagem de indexação;
4. Expressar os assuntos em termos de indexação.

Sauperl (2005) apresenta no quadro abaixo uma visão geral das etapas no processo de indexação. A autora condensa as visões da indexação com base em Chan (1981, 1994), Langridge (1989), Lancaster (1991), Taylor (1999), e na ISO 5963 (1985).

Quadro 1 – Visão geral das etapas no processo de indexação, tal como apresentado por Chan (1981, 1994), Langridge (1989), Lancaster (1991), Taylor (1999) e ISO 5963 (1985):

Chan (1981, 1994)	ISO 5963 (1985)	Langridge (1989)	Lancaster (1991)	Taylor (1999)
1. Exame do livro e determinação do assunto; 2. Identificação dos tópicos principais e diferentes aspectos; 3. Mapeamento do assunto identificado em uma linguagem de indexação.	1. Exame do documento; 2. Identificação dos principais conceitos; 3. Expressar os conceitos principais em termos de uma linguagem de indexação.	1. Identificação do assunto; --- 3. Tradução dos conceitos identificados para termos de uma linguagem de indexação.	1. Análise conceitual; --- 3. Tradução dos conceitos identificados para termos de uma linguagem de indexação.	1. Análise conceitual; --- 3. Tradução dos conceitos identificados para termos de uma linguagem de indexação.

Fonte: traduzido de Sauperl, 2005.

No quadro acima são apresentadas as etapas do processo de indexação apenas na visão de alguns autores apresentados por Sauperl (2005). É importante lembrar que existem autores que pensam na indexação como um processo que envolve quatro etapas e que não são citados por Sauperl em seu quadro, como Chu e O'Brien (1993).

Então, embora a indexação seja entendida como um processo cujas etapas possam variar (duas, três ou quatro etapas), em todas as definições na literatura existe uma análise conceitual, a análise de assunto.

É importante evidenciar que para indexadores experientes, as etapas da indexação podem ser realizadas quase que simultaneamente. Existe um consenso entre os autores da área de que tanto a indexação realizada em duas ou mais etapas começam pelo processo de análise do documento, que segundo Chu e O'Brien (1993, p. 441) engloba várias atividades, isto é, passar os olhos pelo texto, identificação dos conceitos sobre o assunto, e organizá-los por relevância.

O processo de três etapas recomendado por Mai envolve quatro elementos, que são: o documento em análise; o assunto do documento (presente a princípio na mente do indexador); descrição formal do assunto (quando o assunto é escrito e não existe só na mente do indexador); e a entrada de assunto que fará parte de registros em catálogos[19].

Mai (2001, 1997a, 1997b) apresenta um modelo de indexação, mostrando como são distribuídas as etapas e elementos do processo de indexação.

---

19 Mai (2000, p. 277).

Figura 1 – Modelo de indexação proposto por Mai

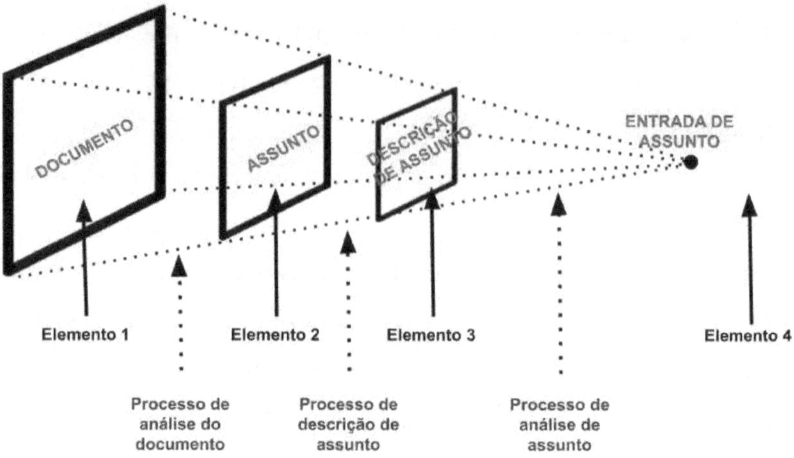

Fonte: traduzido de MAI, 1997a.

Na figura acima, o processo de indexação é apresentado em três etapas, e entre as etapas existem quatro elementos.

Ao apresentar o processo de indexação desta forma é possível observar que a indexação seja vista não apenas como uma atividade puramente mecânica, mas que demanda a interpretação do texto do documento pelo profissional que a realiza.

O profissional em vários momentos poderá não conhecer o assunto do documento indexado, mas terá que interpretá-lo para atingir os objetivos da indexação.

A escolha do tópico ou informação pertinente é moldada pela abordagem de indexação adotada pelo sistema de informação em que o indexador está inserido. A instituição determinará se o assunto retirado do documento deve ser altamente específico ou se deve ser tratado de forma mais geral, levando em consideração o perfil do usuário ao qual se destina[20].

---

20   Fujita (2003, p. 69).

Desta forma, entende-se que além das etapas e elementos que constituem o processo de indexação, existem outros fatores que interferem em como o processo será realizado.

Uma das variáveis que impactam a indexação são as concepções que devem ser ponderadas ao estabelecer a abordagem completa do processo, e essas ideias provavelmente serão minuciosamente expostas em uma política de indexação da biblioteca. Essas concepções estão intimamente ligadas aos propósitos subjacentes da indexação.

Mai (2000, p. 287) destaca cinco concepções básicas para a indexação:

- **Concepção simplista da indexação** (*simplistic conception*): enfoca exclusivamente a extração automática e manipulação estatística de palavras, está ligada ao empiricismo;
- **Concepção orientada ao documento** (*document-oriented*): nesta concepção, o indexador investiga partes do documento, está relacionada a uma posição racionalista;
- **Concepção orientada ao conteúdo** (*content-oriented*): busca descrever o conteúdo do documento da forma mais fiel. É uma concepção objetivista, que de forma extrema, prega que existe apenas uma forma correta de realizar a indexação de dado documento;
- **Concepção orientada ao usuário** (*user-oriented*): o indexador leva em consideração o conhecimento que os usuários têm sobre o assunto. A demanda de usuários de uma biblioteca pública é diferente da demanda de usuários de uma biblioteca universitária, mesmo quando o documento indexado é igual. A análise do documento neste caso é baseada em um grupo em potencial de determinado domínio, ou seja, a análise pode mudar de acordo com os interesses de dada comunidade de usuários;
- **Concepção orientada à demanda** (*requirement-oriented*): o indexador conhece as necessidades dos usuários. É comum em organi-

zações menores, como, por exemplo, uma microempresa com quinze funcionários, em que o bibliotecário conhece as necessidades de cada usuário, tornando possível este tipo de serviço específico.

Três destas concepções (*simplistic conception, content-oriented, requirement-oriented*) são também consideradas por Albrechtsen (1993) como parte do processo de análise de assunto.

Com o intuito de evitar quaisquer ambiguidades quanto às ideias que afetam as várias fases da indexação, é essencial esclarecer que cinco concepções são parte do processo de indexação. Sendo a análise de assunto a primeira etapa deste processo, entendemos que os dois autores já citados consideram três concepções em comum.

Existem diversas vantagens e desvantagens na aplicação da concepção simplista explicada por Albrechtsen (1993).

O principal benefício de optar por uma abordagem simplificada está relacionado à redução dos custos de computadores e *software*, o que resulta em uma indexação automática a custos mais baixos. No entanto, o principal desafio está na incapacidade de transmitir conhecimento do contexto social[21].

Devido às razões mencionadas, essa perspectiva não é vista como apropriada quando o foco é o usuário.

A abordagem centrada no documento fundamenta-se na ideia de que o conteúdo dos documentos pode ser determinado sem depender de qualquer contexto[22].

Nesta concepção, o indexador deve basear a determinação do assunto somente a partir da análise dos atributos do documento, sem a influência de fontes externas. Com base nesta concepção, a representação deverá se adaptar aos usuários e ao domínio, de acordo com a figura a seguir.

---

21   Fujita (2003, p. 70).

22   MAI, J-E. The role of domains, documents, and decisions in indexing. Advances in Knowledge Organization. Washington, 2004a. v. 9, p. 603.

Figura 2 – Concepção orientada ao documento e concepção orientada ao domínio

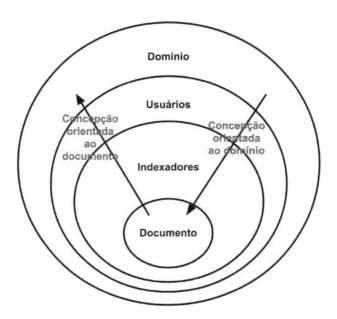

Fonte: traduzido de Mai, 2004a.

A concepção orientada ao domínio é apresentada visando realizar o movimento inverso da concepção orientada ao documento.

A perspectiva voltada para o domínio trilha um percurso distinto da abordagem centrada no documento, já que seu principal enfoque está na análise do domínio em foco[23].

Nesta concepção, é realizada em primeiro lugar uma análise de domínio, e em seguida, uma análise das necessidades dos usuários na qual as perspectivas e funções do indexador são determinadas para finalmente analisar o documento a partir do contexto do domínio e das necessidades dos usuários.

---

23   Mai (2004a, p. 608).

A hipótese na concepção orientada ao domínio é que os assuntos e conceitos de um documento podem ser determinados somente a partir do contexto e da compreensão do domínio.

Os estudos relacionados à análise de domínio podem ser difíceis de executar sem um pontapé inicial. Hjørland (2002) define onze formas específicas para estudar domínios, que juntas apresentam as competências específicas dos cientistas da informação.

Estas abordagens podem ser usadas para nortear estudos que buscam analisar qualquer aspecto relacionado a um domínio:

- Produção de guias de literatura;
- Produção de classificações especiais;
- Pesquisa sobre indexação e de recuperação de especialidades;
- Estudos empíricos de usuários em campos diversos;
- Estudos bibliométricos;
- Estudos históricos sobre intercâmbio de informação;
- Estudos sobre documento e gênero;
- Estudos epistemológicos e críticos;
- Estudos terminológicos, de linguagem para fins específicos e sobre discurso;
- Estudos de estruturas e de instituições sobre comunicação científica;
- Análise de domínio em cognição profissional e inteligência artificial.

Essas onze abordagens proporcionam investigações práticas e teóricas relevantes para a ciência da informação.

A realização de estudos na área de ciência da informação que mesclam múltiplas dessas perspectivas tem o potencial de reforçar tanto a integridade da disciplina quanto a conexão entre suas aplicações práticas e os princípios teóricos[24].

---

24 HJØRLAND, B. *Domain analysis in information science*: eleven approaches traditional as well as innovative. Journal of Documentation, 2002. p. 451.

A indexação de assuntos é geralmente realizada com o objetivo de satisfazer as exigências de um público específico – os utilizadores de um centro de informação ou de uma publicação determinada[25].

Realizar uma indexação de assuntos eficaz requer a tomada de decisões não apenas sobre o conteúdo abordado em um documento, mas também sobre porque esse conteúdo é potencialmente relevante para um grupo específico de utilizadores. Em outras palavras, não existe um conjunto definitivo de termos de indexação aplicáveis a todos os documentos. A mesma obra será indexada de maneira substancialmente diferente em diversos centros de informação e precisa ser abordada de maneira distinta se os grupos de utilizadores estiverem interessados nela por motivações variadas[26].

Os índices (resultados do processo de indexação) facilitam a entrada ao conteúdo examinado de grupos de pacotes informacionais (por exemplo, artigos de jornal, narrativas breves em uma coleção, contribuições de conferências e eventos etc.)[27].

Assim, podemos considerar que a indexação como prática de construção de índices é antiga, pois quando surgiram as primeiras bibliotecas, já existiam listas dos documentos contidos em seus acervos (Fujita, 2003).

Além do propósito que visa a representação dos assuntos mais significativos de um documento, a indexação também apresenta aspectos políticos.

É amplamente reconhecido que a indexação é um procedimento permeado por subjetividade, uma vez que é conduzida por indivíduos que aplicam seu conhecimento prévio (da linguagem do sistema, da estrutura textual, do tópico do documento e até mesmo do contexto global) e empregam táticas durante a análise do documento a fim de atingir seu propósito:

---

25   Lancaster (2004, p. 9).

26   (Lancaster, 2004, p. 9).

27   TAYLOR, A. G. *The organization of the information*. 2. ed. Westport: Libraries Unlimited, 2004, p. 41.

identificar e selecionar conceitos presentes no documento. Para reduzir a influência da subjetividade e garantir que os termos escolhidos representem com precisão o documento, a indexação é desmembrada em uma série de etapas amplamente exploradas e documentadas em fontes literárias, normas nacionais e internacionais. Complementando isso, uma política de indexação claramente definida deve ser estabelecida para orientar o trabalho do bibliotecário, oferecendo diretrizes e critérios, os quais são compilados em um manual de indexação[28].

Portanto, entende-se que a política de indexação de bibliotecas norteará os passos seguintes após a identificação de conceitos pelo indexador.

O próprio processo de indexação não garante a abrangência total dos vários fatores, componentes, elementos, variáveis, instrumentos, métodos e técnicas presentes no ambiente de um sistema de recuperação da informação, o qual pode diferir de acordo com a cultura de cada comunidade ou campo de estudo. Além disso, é necessário incorporar o contexto sociocultural dos profissionais que operam os sistemas de recuperação. A esse conjunto de elementos, variáveis, instrumentos, métodos e técnicas que exercem influência e desempenham um papel decisivo, damos o nome de política de indexação[29].

A política de indexação desempenha um papel crucial em auxiliar o bibliotecário a conduzir suas atividades de forma mais lógica e precisa, atuan-

---

28 RUBI, M. P. Os princípios da política de Indexação na análise de assunto para catalogação: especificidade, exaustividade, revocação e precisão na perspectiva dos catalogadores e usuários. In: FUJITA, M. S. L.; BOCCATO, V. R. C.; RUBI, M. P.; GONÇALVES, M. C. (org.). A Indexação de livros: a percepção de catalogadores e usuários de bibliotecas universitárias. Um estudo de observação do contexto sociocognitivo com protocolos verbais. São Paulo: Cultura Acadêmica, 2009. p. 83.

29 FUJITA, M. S. L.; SANTOS, L. B. P. Política de Indexação em bibliotecas universitárias: estudo diagnóstico e analítico com pesquisa participante. Transinformação, [S.L.], FapUNIFESP (SciELO), 2016. v. 28, n. 1, p. 60.

do como um guia para a execução de suas responsabilidades e fornecendo orientação ao tomar decisões sobre a definição dos assuntos[30].

Sobre a construção da política de indexação, compreende-se que isso deve ser uma iniciativa realizada dentro do contexto da gestão da biblioteca, manifestada por meio de uma filosofia que capture seus propósitos e oriente os bibliotecários[31].

Rubi (2008, p. 92) listou aspectos que dizem respeito à política de indexação:

Indexação:

- Capacidade de revocação e precisão do sistema;
- Especificidade;
- Exaustividade;
- Economia;
- Formação do indexador;
- Procedimentos relacionados à indexação;
- Manual de indexação (elaboração/utilização);
- Síntese.

Linguagem documentária:

- Escolha da linguagem;
- Consistência/uniformidade;
- Adequação.

---

30   RUBI, M. P. Política de Indexação. *In*: LEIVA, I. G.; FUJITA, M. S. L. (ed.). *Política de Indexação*. São Paulo: Cultura Acadêmica, 2012. p. 107.

31   *Ibid*. p. 108.

Sistema de busca e recuperação por assuntos:

- Avaliação;
- Campos de assunto do formato MARC;
- Capacidade de consulta a esmo (*browsing*);
- Estratégia de busca;
- Forma de saída dos resultados.

Aspectos como exaustividade e especificidade estão diretamente relacionados ao objetivo principal da indexação, a recuperação da informação pelo usuário.

A exaustividade na indexação refere-se à quantidade de palavras-chave designadas como descritores do conteúdo do documento, ou seja, até que ponto todos os tópicos discutidos no documento são identificados durante a indexação e convertidos para uma linguagem documentária. Quanto mais exaustiva for a indexação, mais palavras-chave serão utilizadas. Isso é recomendado, por exemplo, em bibliotecas que atendem a um público diversificado com distintas abordagens e perfis, os quais podem buscar a mesma informação usando termos variados[32].

Já a especificidade está associada ao grau de alcance que a biblioteca e a linguagem documentária permitem atribuir aos conceitos identificados em um documento. Por exemplo, um livro que trate especificamente de tilápias será representado sob o termo mais amplo "peixes". Isso ocorre frequentemente em bibliotecas que escolhem um nível menor de detalhe nos descritores, o que, por sua vez, resultará em uma maior quantidade de resultados na busca, mas possivelmente com uma alta revocação[33].

---

32 Rubi (2009, p. 85).

33 Rubi (2009, p. 85).

Desta forma, além da fase inicial de análise do documento para extração de conceitos, deve-se sempre considerar os aspectos relacionados às políticas quando busca-se entender sobre o processo de indexação.

Tanto os produtos da indexação como os da catalogação são considerados antigos. A seguir são apresentados conceitos sobre a catalogação de forma (ou descritiva) e de assunto. Entenderemos também sobre seus produtos, os catálogos.

2.2 A catalogação de assuntos

Neste capítulo, algumas reflexões são apresentadas acerca da catalogação em bibliotecas, abrangendo tanto a abordagem da forma quanto do conteúdo do documento.

A prática de catalogação como um meio de representação não é uma novidade em nossa trajetória histórica. Sua origem remonta à criação de catálogos como um método para representar e estruturar o conhecimento preservado nas primeiras bibliotecas da Antiguidade[34].

Diversos métodos de catalogação estão envolvidos na elaboração de um registro bibliográfico para uma biblioteca[35], entre eles estão:

1. A **catalogação de forma ou descritiva** (que é o preparo de descrições bibliográficas e a determinação de pontos de acesso);

2. A **análise de assunto** que normalmente inclui o uso de cabeçalhos de assunto (chamada de catalogação de assunto, que envolve a se-

---

34 MARTINHO, N. O.; FUJITA, M. S. L. *La catalogación de matérias: apuntes históricos sobre su normalización*. Scire (Zaragoza), 2010. v. 16, p. 3.

35 CHAN, L. M. *Cataloging and Classification: An Introduction*. 2nd ed. New York: McGraw-Hill, 1994. p. 12.

leção de pontos de acesso por assunto), classificação (o emprego de números de classe);

3. O **serviço de autoridade** (a determinação de formas padronizadas para descritores e nomes de autores).

Aqui, daremos enfoque somente à catalogação de assunto e não aos outros processos que fazem parte da criação de um registro bibliográfico como a catalogação de forma e classificação.

A principal finalidade da catalogação, tanto em relação à forma quanto ao conteúdo, é auxiliar os indivíduos a localizar informações sobre os recursos presentes em uma biblioteca por meio dos seus catálogos[36].

A etapa do procedimento de catalogação conhecida como catalogação de assunto tem como foco oferecer detalhes acerca do tópico abordado em um documento. A representação temática é um aspecto essencial para assegurar a acessibilidade aos documentos. A alocação inadequada de temas pode resultar em buscas infrutíferas, descontentamento dos usuários e carências no atendimento das necessidades informacionais[37].

A catalogação de assunto é encarregada de identificar o conteúdo temático para a designação de entradas de acesso por tópico, que serão utilizadas como cabeçalhos de assunto[38].

A atividade de catalogação de assunto está relacionada à formação do catálogo em sua totalidade, e é importante reconhecer que a análise de assunto representa a fase inicial do procedimento, já que após sua execução é preciso realizar a conversão para a linguagem adotada pelo sistema[39].

---

36 Sauperl (2005, p. 713).

37 Sauperl (2005, p. 713).

38 Martinho e Fujita (2010, p. 3).

39 Guimarães (2009, p. 8).

O catálogo, enquanto resultado da representação da informação, teve um papel fundamental no desenvolvimento e no refinamento da catalogação ao longo dos anos[40].

Até tempos recentes, a catalogação era compreendida como um método para criar catálogos. No entanto, é uma perspectiva limitada ver a catalogação somente como uma técnica para formular catálogos, pois por meio dela é viável distinguir os itens, conferindo a eles singularidade em relação aos outros, assim como agrupá-los com base em suas semelhanças[41].

O catálogo é um dos instrumentos mais antigos das bibliotecas. A palavra se origina do grego *"kata"* ("de acordo com", "sob", "em baixo" ou "parte") e *"logos"* ("ordem", "razão") (Mey, 1995, p. 8). Na visão da mesma autora, pode-se definir catálogo como:

> [...] um canal de comunicação estruturado, que veicula mensagens contidas nos itens, e sobre os itens, de um ou vários acervos, apresentando-as sob forma codificada e organizada, agrupadas por semelhanças, aos usuários desse(s) acervo(s) (Mey, 1995, p. 9).

De forma resumida, o objetivo do catálogo é transmitir as informações criadas pela catalogação, referentes aos elementos que compõem um ou mais acervos específicos[42].

Há certos elementos que estabelecem distinções entre a catalogação de assunto e a indexação. Um catálogo de biblioteca é um tipo específico de documento bibliográfico que se distingue de um índice de periódico, já que o catálogo contém todas as informações relacionadas à localização física de um único item em um conjunto de materiais. Por sua vez, os índices são

---

40   Martinho e Fujita (2010, p. 4).

41   MEY, E. S. A., *Introdução à catalogação*. Brasília: Briquet de Lemos, 1995. p. 6.

42   Mey (1995, p. 9).

compilações de diversos registros bibliográficos criados para atender a diversos objetivos específicos.

Um catálogo de biblioteca é composto por um conjunto de entradas que oferecem informações sobre os elementos presentes na coleção que o catálogo representa. Os dados presentes em cada entrada abrangem, no mínimo, uma descrição bibliográfica que apresenta os detalhes de identificação, publicação e características físicas de um documento, e um número de identificação que revela a posição do item na coleção. A grande maioria das entradas – sendo as de ficção ocasionais exceções – incorpora termos ou descritores que brevemente indicam o conteúdo do documento[43].

À medida que uma biblioteca se torna mais especializada, seja em relação aos materiais que adquire e processa ou aos usuários que atende, maior será a probabilidade de seu catálogo diferir daquele de outras bibliotecas[44].

Mesmo em bibliotecas mais generalistas, há várias maneiras nas quais os catálogos se diferenciam uns dos outros, mesmo quando seus registros são produtos de uma prática padronizada. Entre estas diferenças estão:

1. A forma física dada ao catálogo;
2. Os pontos de acesso fornecidos;
3. O princípio que determina como os registros são colocados em sequência.

Os catálogos podem também se diferenciar consideravelmente a partir da forma como cada registro é formatado individualmente, que significa se eles são registrados em cartões, páginas, sistemas de computador, entre outros.

Os catálogos permitem a entrada a itens específicos nas coleções de pacotes informacionais (como, objetos materiais como livros, fitas de vídeo,

---

43 Chan (1994, p. 4).

44 Chan (1994, p. 5).

CDs em uma biblioteca, obras criativas em um museu de arte, páginas na *web* na *internet,* e assim por diante)[45].

É aconselhável que o especialista responsável pela catalogação de assunto elabore indagações acerca do documento.

- De que trata?
- Por que foi incorporado ao nosso acervo?
- Quais de seus aspectos serão de interesse para nossos usuários?[46]

Ao considerar estes questionamentos no momento de tratar o conteúdo de um documento, acredita-se que o profissional estará apto a realizar uma catalogação de assuntos mais adequada às necessidades informacionais de seus usuários.

Acredita-se que a catalogação de assunto será mais apropriada ao adotar essas questões, uma vez que os resultados gerados por esse procedimento estarão mais alinhados com as demandas dos usuários específicos daquela biblioteca em particular.

Considerando os conceitos apresentados até o momento, a catalogação de assunto e a indexação podem ser consideradas como uma única operação no contexto de determinar os temas principais do documento.

Porém, embora os dois processos tenham o objetivo em comum de definir os assuntos de um documento, a aplicação de seus produtos terá destinos diferentes (ou catálogo para a catalogação de assunto, ou índice para indexação).

Assim, observa-se que um dos fatores que diferenciam a indexação e a catalogação de assunto são seus produtos finais e o uso dos mesmos. A indexação é então pensada em alguns momentos como processo voltado à elaboração de índices e a catalogação de assunto é o processo responsável pela se-

---

45 Taylor (2004, p. 33).

46 Lancaster (2004, p. 9).

leção de descritores que serão inseridos em um catálogo junto à catalogação de forma de documentos.

A seguir serão apresentados conceitos sobre a leitura documentária e análise de assunto. Ambos os processos são observados nas etapas iniciais tanto da indexação quanto na catalogação de assunto.

3

A análise de assunto e a leitura documentária

Neste capítulo, serão apresentados conceitos sobre a leitura documentária, além de aspectos cruciais relacionados a este importante processo, como as estratégias de leitura.

Existe um consenso no tratamento temático da informação, que tanto na indexação, quanto na catalogação de assunto (não importando quais sejam seus produtos e seus destinos), a primeira etapa a ser realizada é a análise do documento.

A ação de identificar ideias que capturem a essência de um documento é reconhecida de diferentes formas: alguns a chamam de análise de assunto, enquanto outros a referem como análise temática; adicionalmente, é conhecida também como análise documentária ou análise de conteúdo[47].

---

47 NAVES, M. M. L. *Análise de assunto: concepções.* Revista de Biblioteconomia de Brasília, Brasília, 1996. v. 20, n. 2, p. 215.

A maior parte dos estudos na área tende a focar o estágio subsequente à análise de assunto, que é a tradução, deixando de lado a etapa inicial, que é fundamental: a identificação do assunto do documento[48].

A análise de assunto é parte do processo de tratamento temático da informação, no qual um documento específico, destinado a ser incluído em um sistema de informação ou recuperação de dados, passa por avaliação para identificar os tópicos que aborda. Além disso, quando apropriado, determina quais desses tópicos devem ser refletidos no registro simulado (como catálogo de registros ou metadados) que será criado para o documento no sistema em questão[49].

A análise de assunto é descrita como um procedimento pelo qual o classificador, indexador ou catalogador reconhece e estabelece os temas abordados em um documento, bem como quais desses temas precisam ser refletidos nos produtos resultantes, como catálogos e índices[50].

Os termos indexador e catalogador que aparecem na literatura podem ser confundidos, principalmente quando se pensa no local em que os produtos de suas práticas serão inseridos, seja em índices ou catálogos, respectivamente.

A tarefa de descrever o conteúdo de documentos em catálogos de bibliotecas é executada por profissionais de catalogação. Já a atribuição de descritores a documentos em bases de dados bibliográficas é feita por indexadores[51].

Desta forma, entende-se que normalmente atribui-se o termo "indexação" para a prática de criação de índices, e de catalogação de assunto para a criação de registros bibliográficos a serem inseridos em catálogos. Embora sejam processos que diferem em vários sentidos, sua primeira etapa é a mesma, a análise de assunto.

---

48   Albrechtsen (1993, p. 219).

49   DIAS, E. W. *Análise de assunto: percepção do usuário quanto ao conteúdo de documentos.* Perspectivas em Ciência da Informação, Belo Horizonte, 2004. v. 9, n. 2, p. 147.

50   DIAS, E. W., NAVES M. M. L., MOURA, M. A. *O usuário-pesquisador e a análise de assunto.* Perspect. cienc. inf., Belo Horizonte, 2001. v. 6, n. 2, p. 206.

51   Sauperl (2004, p. 55).

Se a análise de assunto for realizada de maneira inadequada, todos os esforços dedicados à criação de linguagens de indexação e à formação de profissionais capacitados para usá-las perdem sua eficácia. Como resultado, se algum assunto presente no documento for negligenciado durante a análise de assunto, é evidente que não será convertido para uma linguagem e incluído no sistema para representar o documento[52].

Vale notar que o termo "análise de assunto" é mencionado em diferentes contextos na literatura. Isso tem levado a certa ambiguidade em relação ao seu verdadeiro significado, resultando em desafios abrangentes tanto para os indexadores quanto para os educadores que lecionam em campos relacionados. Isso gera dificuldades ao transmitir conhecimento sobre esse tópico aos usuários da informação. Como resultado, estes que buscam informações também podem ser afetados por essa confusão ao procurar pelos dados necessários[53].

Devido às variáveis conceituais, é importante explicitar que o termo mais usado por autores na literatura da área é "análise de assunto". Como primeira etapa da indexação e da catalogação de assunto é um conceito que vem sendo muito debatido na área, considerando-se principalmente a agitação conceitual sobre o processo.

A análise de assunto envolve a ação de ler um documento com o propósito de identificar conceitos que capturem sua essência. Esse procedimento é executado pelo profissional desde o início da leitura do documento[54].

Durante a etapa de análise de assunto, ocorre a identificação dos conceitos-chave presentes no livro. Essa análise é uma fase do procedimento de catalogação de assunto, que envolve a elaboração da descrição dos assuntos abordados em livros e documentos, destinada aos catálogos de bibliotecas[55].

---

52 Dias (2004, p. 147).

53 NAVES, M. M. L. *Análise de assunto*: concepções. Revista de Biblioteconomia de Brasília, Brasília, 1996. v. 20, n. 2, p. 216.

54 Naves (2001, p. 192).

55 Sauperl (2005, p. 714).

A análise de assunto é um processo importante por abrigar a leitura, e é composto por três estágios:

1. **Compreensão do conteúdo do documento**: realizada a partir do título, introdução e as primeiras frases de capítulos e parágrafos; ilustrações, tabelas, diagrama e suas explicações; conclusão; palavras ou grupos de palavras sublinhadas ou impressas com tipo diferente;

2. **Identificação dos conceitos que representam este conteúdo**: seleção dos conceitos que melhor representem o conteúdo do documento. Recomenda-se que seja realizada obedecendo a um esquema de categorias existente na área coberta pelo documento, como, por exemplo, o fenômeno, o processo, as propriedades, as operações, o material, o equipamento etc.;

3. **Seleção dos conceitos válidos para recuperação**: escolher entre os conceitos identificados, pois nem todos serão usados[56].

Como explicado anteriormente, estes estágios não devem ser confundidos com as etapas da indexação ou da catalogação de assunto, pois se referem apenas à primeira etapa dos processos, a análise.

É comum confundir os processos de indexação, catalogação de assunto e análise de assunto, mas deve-se sempre ter em mente que este último faz parte dos dois processos. Acredita-se que essa confusão ocorra devido ao fato de a análise de assunto ser a etapa inicial e mais importante – pois os passos seguintes dependem diretamente da análise –, tanto na indexação quanto na catalogação de assunto.

Devemos ter em mente os propósitos que devem ser alcançados pelo profissional que realiza a análise de assunto:

---

56   Fujita (2003, p. 64).

- Fornecer significativo acesso sobre o assunto de pacotes informacionais por meio de uma ferramenta de recuperação;
- Proporcionar o arranjo de pacotes informacionais de dada natureza;
- Oferecer uma localização lógica para pacotes informacionais semelhantes;
- Poupar o tempo do usuário (tradução nossa)[57].

Em suma, pode-se concluir que a análise de assunto é a etapa na qual o indexador e o catalogador de assuntos "identificam" conceitos sobre o conteúdo de um documento a partir de sua leitura.

Estes conceitos futuramente serão traduzidos para uma linguagem controlada e inseridos em um sistema de informação. Poderão também ser transformados em um índice no caso da indexação ou inseridos em um catálogo no caso da catalogação de assunto.

Serão apresentados a seguir conceitos sobre o *"aboutness"* ou "atinência" de um documento, aspectos importantes a se considerar durante a análise de assunto.

3.1   O *aboutness* de um documento

A atinência ou *aboutness* de um documento é um conceito importante quando se pensa na análise de assunto. A análise de assunto está presente tanto na indexação quanto na catalogação de assunto de um documento. Portanto, é crucial entender o que significa *aboutness* e qual é a sua relação com o tratamento de documentos.

Ter compreensão dos procedimentos de indexação e da criação de resumos não resulta automaticamente em aprimoramentos na qualidade dos índices e resumos. No entanto, é definitivamente plausível argumentar que,

---

57   Taylor (2004, p. 242).

se os pesquisadores em ciência da informação buscam avanços teóricos substanciais, é essencial ter uma compreensão profunda da essência das atividades de qualquer sistema de informação, ou seja, compreender o **assunto central** do documento[58].

É possível identificar as seguintes traduções em português para o termo *"aboutness"*: "atinência"[59]; "tematicidade"[60]. Até mesmo a utilização do termo como sinônimo de "assunto" pode ser encontrada, embora seja importante destacar que este último vocábulo também carrega divergências teóricas e conceituais no âmbito da ciência da informação[61].

Neste capítulo, o termo usado é o original *"aboutness"*.

Sobre o tópico central do documento, considerando o conceito de atinência que é a tradução do termo em inglês *"aboutness"*, pode ser definido como "o conteúdo substantivo abordado pela obra (sem considerar inicialmente a forma ou o suporte em que a obra está registrada)". A palavra "atinência" é usada em diversos momentos[62] ao traduzir para o português a obra "indexação e Resumos: Teoria e Prática", de Lancaster[63]. Na página 13 dessa obra em questão, o tradutor observa: "O autor utiliza os termos em inglês *'about'* e *'aboutness'*. Traduzimos o primeiro como 'trata de' e o segundo como 'atinência'. Outros optam por traduzir *'aboutness'* como tematicidade, temática, acerca de, ser acerca de, ser sobre algo, e assim por diante"[64].

---

58   HUTCHINS, W. John. *On the problem of 'Aboutness' in document analysis.* Journal of Informatics, Norwich, 1977. v. 1, n. 1.

59   Conforme Alvarenga (2001) e Dias e Naves (2013).

60   Segundo Medeiros (1986) Fujita (2003; 2004) e Moraes e Guimarães (2006).

61   MORAES, J. B. E. *A questão do Aboutness no texto narrativo de ficção: Perspectivas metodológicas para a Ciência da Informação.* 2011. 92 f. Tese (Livre-docência em Linguística e Documentação) – Departamento de Ciência da Informação, Unesp, Marília, 2011. p. 31.

62   Dias e Naves (2007).

63   Lancaster (2004).

64   Moraes (2011, p. 31).

Em estudos sobre terminologia, recomenda-se que a tradução do termo "*aboutness*" seja tematicidade[65].

No que diz respeito à conversão de *aboutness* para tematicidade e à origem dessa adaptação, há diversas considerações a serem abordadas. No contexto de uma análise sobre terminologia na área da ciência da informação, recomenda-se[66] a utilização de tematicidade como tradução, apontando que essa é a opção mais apropriada. Essa escolha, embora seja um termo neológico, foi formulada tendo em vista as estruturas gramaticais do português, com a derivação do adjetivo temático por meio do sufixo -dade[67].

Quando se fala somente em assunto, vários conceitos vêm à nossa mente. O termo "*aboutness*" foi introduzido visando explicar de que trata um documento, sanando possíveis confusões terminológicas[68].

Quando certos escritores empregam essa expressão para identificar o conteúdo de um documento, estão intencionalmente evitando utilizar a palavra "assunto" nesse contexto[69].

O termo "*aboutness*" fundamentalmente faz referência a questão: "Do que trata o documento, texto ou imagem?"[70].

Considerando essa indagação, é importante compreender que o tópico abordado por um documento representa a descrição do conteúdo em uma entrada de um sistema de informação ligado a esse documento. No entanto, na prática, raramente existe uma fórmula definitiva para a descrição do conteúdo e do que o documento trata. Podemos chegar a conclusão de que a

---

65   Medeiros (1986) *apud* Naves (1996, p. 6).

66   Medeiros (1986, p.140).

67   Moraes (2011, p. 31).

68   FAIRTHORNE, R. A. *Content analysis, specification, and control. Annual Review of Information Science and Technology*. 1969. v. 4.

69   Dias (2004, p. 149).

70   INGWERSEN, P. *Information retrieval interaction*. London: Taylor Graham, 1992. p. 50.

descrição do conteúdo é apenas uma maneira de responder à pergunta sobre o assunto tratado pelo documento[71].

Por outro lado, é preciso encarar o tema de um documento como uma síntese do seu conteúdo, em termos de um sistema de informação, sem levar em conta a linguagem específica em que possa ser articulado. O que pretendemos transmitir com o termo "conteúdo de um documento"? Para elucidar esse ponto, é essencial compreender a diferenciação entre o significado de uma expressão linguística e a referência dessa expressão[72].

Assim, o termo *"aboutness"* está associado a unidades transportadoras de conteúdo geradas pelo autor em um texto, e consequentemente, pode representar uma informação por termos simples derivados diretamente do próprio documento, isso é o que podemos considerar como o *"aboutness* do autor"[73].

O *aboutness* do indexador é uma forma parecida, porém ligeiramente diferente de abordar o *aboutness*, que terá como foco, o processo de representação.

No caso do *aboutness* do indexador, a questão sobre o que trata o documento deverá ser respondida por ele mesmo, que por meio da classificação ou indexação de documentos, faça tentativas de sumariar ou descobrir as mensagens passadas em cada documento ou parte do texto[74].

O *aboutness* do indexador tem vantagem sobre o *aboutness* do autor, pois o papel do indexador é criar interpretações unificadas e representações dos significados dos documentos. Ainda, o indexador deve supostamente ter conhecimentos sobre o domínio e literatura em questão, aplicação de regras de classificação e indexação que refletem as questões e estruturas terminológicas da área[75].

---

71   Hutchins (1977, p. 17).

72   Hutchins (1977, p. 18).

73   Ingwersen (1992).

74   Ingwersen (1992, p. 51).

75   Ingwersen (1992, p. 51).

Seguindo a mesma linha de pensamento o *aboutness* do autor, devemos considerar que quando a intenção é saber sobre qual assunto um texto trata, basta perguntar ao seu autor, pois este obviamente saberá responder a este questionamento[76].

Sobre a atinência do indexador, da mesma forma que é obrigação do autor saber do que o texto fala, é função do profissional da informação determinar de forma precisa o assunto a partir do conteúdo do documento[77].

Ainda que seja intrigante, as concepções de *aboutness* apresentadas acima suscitam algumas reflexões. Precisamente, se abordarmos o *aboutness* do autor de maneira distinta do *aboutness* do indexador, pode-se argumentar que são duas entidades distintas. Isso ocorre seja porque o segundo não captou fielmente o primeiro, seja porque a segunda entidade difere da primeira, sem a formação de uma conexão coerente. Além disso, se considerarmos os outros dois tipos de *aboutness* – do usuário e da solicitação – o mesmo raciocínio é aplicável. Ou seja, se não houver uma correspondência direta entre as entidades e suas representações, é plausível afirmar que existe uma falta de compreensão em relação à primeira entidade, ou alguma forma de desvio ou mal-entendido na representação[78].

O entendimento que os indexadores e catalogadores têm do documento apresenta uma relevância significativa na determinação dos tópicos abordados. O que escapa à sua compreensão não poderá ser expresso por meio de cabeçalhos de assunto, descritores ou sistemas de classificação[79].

É importante abordarmos a tematicidade (*aboutness*) do documento quando exploramos a investigação da questão relacionada à identificação do assunto de um documento. A tematicidade está intrinsecamente ligada à aná-

---

76 Naves (1996, p. 6).

77 Naves (1996, p. 6).

78 Ingwersen (1992) apud Moraes (2011, p. 35).

79 Sauperl (2004, p. 56).

lise de assunto, visto que estamos lidando com o cerne do seu propósito, que é a identificação do assunto ou tópico do documento por meio de uma análise conceitual que envolve a identificação e seleção de conceitos[80].

Considerando uma síntese dos requisitos para uma boa análise de assunto que contribui para o trabalho do profissional da informação, o catalogador de assunto deve:

- Conhecer a área de atuação;
- Ter maturidade, vivência;
- Saber um pouco de todas as áreas;
- Saber o que é análise de assunto;
- Gostar do que faz;
- Conhecer as técnicas;
- Respeitar a opinião do autor;
- Ter um bom raciocínio[81].

Assim, a análise de assunto, como primeira e mais importante etapa da indexação e da catalogação de assunto, pode ser feita seguindo uma série de procedimentos pelo profissional que a realiza, de forma a aperfeiçoá-la, nunca deixando nenhuma informação sobre o conteúdo do documento sem ser representada nos catálogos de uma biblioteca.

Considerando o indivíduo que conduz a análise de assunto, o indexador pode ser caracterizado como o especialista que efetua a etapa de indexação e atua como o responsável pelo conjunto do procedimento de análise de assunto. Sua função desempenha um papel proeminente nesse contexto, já que é a ele que se atribui, em grande medida, a responsabilidade pelo êxito ou fracasso de um sistema de recuperação da informação[82].

---

80 Fujita (2003, p. 77).

81 Naves (2001).

82 Naves (2001, p. 190).

O especialista responsável pela avaliação de conteúdo e pela inclusão de seus produtos nos sistemas de dados e sistemas de obtenção de informações é designado com várias denominações distintas, variando de acordo com o gênero de sistema e o tipo de documento analisado.

Na configuração de uma biblioteca, incluindo bibliotecas digitais, a análise de assunto assume diferentes papéis, especialmente quando o material em questão é principalmente composto por monografias e documentos similares. Nesse contexto, duas categorias de profissionais executam essa análise:

a. O classificador, cuja responsabilidade é optar, a partir do sistema de classificação adotado pela biblioteca, pelo número de classificação apropriado a ser associado ao documento;

b. O catalogador, cujo dever consiste em definir os cabeçalhos de assunto ou termos descritores a serem incorporados no registro catalográfico criado para aquele documento. Nesse cenário, esse catalogador pode receber a designação mais específica de catalogador de assunto, para claramente distinguir essa tarefa (catalogação de assunto) de sua outra atividade desempenhada, que é identificar os demais detalhes bibliográficos (catalogação descritiva)[83].

Desta forma, entendemos que cabe ao catalogador a análise de assunto para a catalogação, e cabe ao classificador a catalogação de assunto, visando proporcionar a localização física do livro ou outro tipo de documento no acervo da biblioteca.

Cabe ao catalogador a função de determinar tanto os assuntos, quanto às características da parte física do livro para a representação de forma no catálogo. Tanto o catalogador quanto o classificador devem estar cientes da existência do *aboutness* dos documentos e de sua importância nas representações deles.

---

83 Dias (2004, p. 147).

Enquanto está envolvido em processos de reflexão, ao realizar abstrações, interpretações e delinear o tema de um documento, o indexador é impactado por uma variedade de elementos provenientes de diferentes âmbitos, com destaque para a linguística, a ciência cognitiva e a lógica. Nesse contexto, além das influências cognitivas do profissional encarregado da indexação e catalogação de assunto, também se leva em conta o contexto no qual esse profissional está inserido[84].

Agora que entendemos os conceitos de *aboutness* e análise de assunto, aprenderemos sobre a leitura documentária.

De modo amplo, é possível conceituar a leitura como o ponto de partida para obter informações de conteúdos textuais. Esse processo ocorre de maneira automática e quase inconsciente devido à sua profunda integração em nosso cotidiano[85].

A leitura apresenta um caráter social, envolvendo uma comunicação e interação entre o leitor e o autor do conteúdo textual. Apesar de sua aparência simplificada e intrínseca, é um procedimento intricado que está sujeito ao processamento humano e à cognição do leitor[86].

Quando se trata da compreensão de uma declaração, a atuação de ler um texto é uma ação cognitiva que exige atividade mental e esforço intelectual, abrangendo as fases de percepção, retenção na memória, deduções e inferências[87].

Entende-se que tanto a redação como a leitura de um texto são processos repletos de complexidade. O significado não se encontra diretamente no texto, mas é formado a partir dele, durante o processo de interação[88].

---

84   Naves (2001, p. 193).

85   PINTO, M.; GÁLVEZ, C. *Análisis documental de contenido.* Madrid: Síntesis, 1999. p. 40).

86   Fujita (2004, p. 2).

87   NEVES, D. A. de B. *Leitura e Metacognição: uma experiência em sala de aula.* R. Eletr. Bibliotecon. Ci. Inf., Florianópolis, n. 24, 2007. p. 2.

88   KOCH, I. V. O texto e a construção dos sentidos. 10. ed. São Paulo: Contexto, 2016.

Diversos autores estudam a teoria interacionista da leitura[89].

A teoria interacionista postula que o processo ideal de compreensão da leitura ocorre quando há uma ligação intrínseca entre as três variáveis fundamentais: texto, leitor e contexto. Isso nos leva a considerar que as dificuldades encontradas na análise de assunto para a indexação devem ser abordadas a partir de cada uma dessas variáveis, em vez de se concentrar exclusivamente no leitor ou no indexador. Dessa maneira, o papel desempenhado pelo autor como emissor e pelo texto como mensagem escrita se revela crucial na transmissão da informação. A confiança na racionalidade do autor e em sua intenção de comunicar algo coerente leva o leitor a interagir com o texto de modo a construir um significado plausível por meio de esforços cognitivos[90].

Entende-se que há uma ligação entre as três variáveis de leitura citadas até agora[91]. É por meio desta dependência que deverá ocorrer a interpretação de um documento.

É possível exemplificar a conexão destas variáveis. Isso pode ocorrer quando consideramos a afirmação de autores de livros de que os leitores farão deduções que os ajudarão a evitar a necessidade de fornecer todos os detalhes de forma tediosa[92].

Este estilo de leitura, referido como leitura documentária ou leitura do indexador, apresenta particularidades próprias, não sendo destinado ao entretenimento ou ao aprendizado, e de fato, não é uma experiência agradável,

---

89   CAVALCANTI, M. C. *Interação leitor-texto: aspectos de interpretação pragmática*. Campinas: UNICAMP, 1989; GIASSON, J. *A compreensão na leitura*. Lisboa: Asa, 1993. e KLEIMAN, A. *Texto e leitor*: aspectos cognitivos da leitura. 7. ed. Campinas: Pontes, 2000.

90   FUJITA, M. S. L. A leitura documentária e o processo de compreensão do indexador: memorial de investigação científica. *In*: FUJITA, M. S. L.; NEVES, D. A. de B.; DAL'EVEDOVE, P. R. (org.). *Leitura documentária*: estudos avançados para a Indexação. Marília: Oficina Universitária; São Paulo: Cultura Acadêmica, 2017. p. 15.

91   *Ibid*.

92   ELLIS, A. W. Leitura, escrita e dislexia: uma análise cognitiva. Porto Alegre: Artes Médica, 1995. p. 62.

pelo contrário. A intensa sensação de incerteza, ansiedade e responsabilidade associada a essa atividade já evidencia a sua falta de gratificação[93].

A interpretação de documentos na área de análise de assunto é considerada uma atividade de natureza profissional, e isso define o indexador como um profissional que realiza a leitura documentária. Portanto, o principal propósito da capacitação do indexador, resumidor e classificador é prepará-los para realizar leituras com objetivos profissionais[94].

Incluímos aqui, também, o profissional analista de assunto, pensado como o responsável pela análise de assunto sem foco específico em algum processo como, indexação, catalogação de assunto, entre outros.

O entendimento das diferentes facetas das estratégias de leitura abarca o conhecimento tanto das estratégias cognitivas quanto das metacognitivas, além de compreender as circunstâncias específicas em que é adequado aplicar essas estratégias[95].

Dentro das investigações na área da cognição, o campo mais relacionado aos temas estudados pela ciência da informação é conhecido como processamento textual. Nessa atividade cognitiva, é essencial dominar dois processos fundamentais de leitura: 1) a identificação de palavras; e 2) a compreensão de um texto em sua totalidade[96].

Os leitores geralmente reconhecem dados enquanto leem as seções que consideram "essenciais", e como resultado, eles tiram conclusões à medida que avançam na leitura e repetem partes do texto para elaborar conceitos relacionados à sua memória. Eles frequentemente tomam notas e interrompem a leitura para refletir sobre o conteúdo. Eles também podem procurar

---

93 Dias e Naves (2013, p. 41).

94 FUJITA, M. S. L. A leitura documentária na perspectiva de suas variáveis: leitor-texto--contexto. DataGramaZero, 2004. v. 5, n. 4, p. 2.

95 LIVINGSTON, J. A. A. Metacognition: an overview, 1997. p. 1.

96 NEVES, D. A. de B.; DIAS, E. W.; PINHEIRO, A. M. V. Uso de estratégias metacognitivas na leitura do indexador. Ci. Inf., Brasília, 2006. v. 35, n. 3, p. 141.

por padrões no texto e antecipar os tópicos futuros. Eles se esforçam para interpretar o texto examinando a sua estrutura e avaliam criticamente todas as informações apresentadas[97].

A metacognição é um assunto bastante estudado em pesquisas sobre leitura documentária. Significa "pensar sobre o próprio pensamento" e refere-se a monitorar se um objetivo relacionado ao conhecimento sobre o pensamento foi alcançado. Essa deveria ser a base para definir o que é considerado metacognitivo[98].

É importante reconhecer que as estratégias cognitivas e metacognitivas estão profundamente interconectadas e interdependentes. Qualquer esforço para analisar uma delas sem levar em conta a outra não seria uma abordagem adequada[99].

Além da significativa influência do conhecimento prévio na compreensão da leitura, muitas pesquisas enfatizaram a relevância do acompanhamento da compreensão e da aplicação de estratégias metacognitivas no processamento de texto[100].

É claro que a experiência de um indexador em um campo específico do conhecimento expande o seu vocabulário visual e acelera consideravelmente o processo de indexação[101].

A capacidade de entender o que se lê depende da utilização de conhecimento armazenado na memória de longo prazo, cuja organização se baseia em uma rede de informações com significado, que possibilita a conexão entre informações e conceitos. O ato de compreender requer a ativação de

---

97   *Ibid.*, p. 142.

98   Livingston (1997, p. 2).

99   *Ibid.*

100   Neves, Dias e Pinheiro (2006, p. 142).

101   CINTRA, A. M. M. Elementos de linguística para estudos de Indexação. Ciência da Informação,1983. v. 12, n. 1, p. 6.

esquemas ou representações gerais de contextos, que permitem a associação com tudo aquilo que é apresentado durante a leitura[102].

Para entender um texto, as pessoas utilizam todo o conhecimento prévio que está guardado em sua memória de longo prazo, incluindo possíveis padrões de procedimento armazenados na memória semântica. O conhecimento prévio torna o processamento do texto e a compreensão mais fáceis, pois proporciona um quadro de referência no qual o conteúdo do material lido pode ser conectado[103].

Para conduzir a leitura documentária de maneira eficiente e perspicaz, o especialista deve realizar os passos com um senso de equilíbrio, mantendo constantemente seus objetivos em mente, o que confere ao processo um caráter metacognitivo. Ao considerar o equilíbrio entre a análise ascendente e descendente, o profissional empregará suas próprias táticas de leitura de maneira apropriada[104].

Ao ler um texto com objetivos relacionados à documentação, da mesma forma que durante a leitura convencional, diversos esquemas cognitivos são acionados, abrangendo desde o domínio do vocabulário, entendimento da estrutura do texto, compreensão do tópico até o conhecimento geral sobre o mundo[105].

A figura abaixo apresenta uma comparação de estratégias de leitura em quatro concepções teóricas distintas.

---

102   Fujita (2017, p. 18).

103   Neves, Dias e Pinheiro (2006, p. 142).

104   Fujita (2017).

105   FUJITA, M. S. L.; NARDI, M. I. A. A leitura em análise documentária. Transinformação, 1998. v. 10, n. 3, set./dez. p. 14.

Figura 3 – Estratégias de leitura conforme as concepções teóricas de Brown, Kato, Cavalcanti e Cintra

Brown	Kato	Cavalcanti	Cintra (citando teóricos da ciência da cognição)
Skill Estratégia	Estratégia cognitiva Estratégia metacognitiva	Estratégia automática Estratégia controlada	Estratégia automática Estratégia controlada

Fonte: Fujita, Nardi e Santos (1998).

Todas as concepções fazem uma distinção entre o que seriam estratégias cognitivas e o que seriam estratégias metacognitivas. O que é considerado como **estratégia cognitiva**[106] pode ser também pensado como **estratégia automática**[107]. O que pode ser considerado como **estratégia metacognitiva**[108] pode ser também pensado como **estratégia controlada**[109].

As estratégias cognitivas, ocorrem na leitura fluida do documento na íntegra, e as estratégias metacognitivas, ocorrem durante uma leitura com objetivos documentários.

As estratégias de leitura são bastante estudadas, e cada autor as identifica de uma forma diferente, porém a essência de ambas permanece a mesma, uma de natureza metacognitiva, e uma de natureza cognitiva[110].

---

106 KATO, M. A. *No mundo da escrita*: uma perspectiva psicolinguística. 5. ed. São Paulo: Ática, 1995 e *Skill* para BROWN, N. Metacognitive development and reading. In: SPIRO (org.). *Theorical issues in reading comprehension*. New Jersey: L. Erlbaum Associate Publishers, 1980.

107 Cavalcanti (1989) e Cintra (1983).

108 Kato (1995) e Estratégia para Brown (1980).

109 Cavalcanti (1989) e Cintra (1983).

110 Diversos autores como Dias (2013), Dias e Naves (2001), Fujita (2003, 2008, 2009, 2017), Fujita, Nardi e Fagundes (2003), Fujita, Rubi e Boccato (2009), entre outros.

O leitor que busca objetivos relacionados à documentação deve identificar a organização do texto a fim de realizar a leitura documentária de maneira efetiva. Aqueles que conseguem reconhecer facilmente as estruturas de alto nível no texto captam as ideias principais com mais eficácia do que os leitores que seguem uma abordagem linear, gastando esforços desnecessários ao tentar compreender partes isoladas do texto sem utilizar a estrutura textual e seu conhecimento prévio para inferir significados e formular suposições que os auxiliarão na compreensão do tema geral[111].

Diversos fatores podem influenciar no processo de leitura, e consequentemente, no processo de leitura documentária. Vejamos as condições de leitura:

- O grau de maturidade do sujeito como leitor;
- O nível de complexidade do texto;
- O estilo individual;
- O gênero do texto[112].

A avaliação de documentos com objetivos relacionados à documentação, como a indexação e catalogação de assuntos, envolve a leitura do documento, que pode ser realizada pelo cérebro humano ou por máquinas. Sugere-se que a leitura documentária seja mais eficaz em contextos específicos devido ao acúmulo de informações e conhecimentos especializados adquiridos ao longo da carreira do profissional nessa área[113].

A capacidade de leitura está intrinsecamente ligada à habilidade comunicativa do leitor, a qual é afetada por diversos elementos, incluindo a função da memória, que estabelece conexões entre o desconhecido e o conhecido, bem como a contribuição da racionalidade e suas atividades correlatas de dedução e indução, análise e síntese[114].

111　Fujita e Nardi (1998, p. 20).

112　Kato (1995).

113　Cintra (1983, p. 5).

114　Dias e Naves (2013, p. 39).

Para conduzir a análise de assunto em documentos escritos, é necessário realizar uma leitura que permita a identificação de conceitos que resumam o conteúdo desses textos. É reconhecida a relevância do próprio texto, das suas estruturas e dos diferentes tipos textuais, bem como da abordagem específica de leitura que o indexador deve empregar[115].

O leitor especializado é capaz de compreender textos devido à sua estrutura cognitiva, que inclui conhecimento prévio composto por proficiência linguística, compreensão textual e conhecimento do mundo. Esse conhecimento prévio é aplicado por meio de esquemas ativados tanto por abordagens *bottom-up* quanto *top-down*, resultando em uma compreensão principalmente metacognitiva[116].

Lembrando que em ciência da informação, a leitura é a forma pela qual os analistas de assunto iniciam diversos processos, alguns exemplos são a indexação e a catalogação de assunto.

A leitura com objetivos documentários deve ser realizada por um profissional e nunca ocorrerá de maneira fixa. A mente funciona de forma única e fatores como conhecimento prévio, domínio em que o sujeito atua (e/ou atuou anteriormente), educação acadêmica, convívio com outras pessoas, influenciam diretamente no processo inferencial.

Sobre a leitura, conclui-se que é inerente ao leitor o equilíbrio de estratégias cognitivas e metacognitivas, e é por meio destas que o leitor proficiente está apto a formular hipóteses para compreender um texto. O conhecimento de estruturas textuais integrarão as estratégias de leitura criadas por cada leitor, influenciando diretamente no processo inferencial sobre determinado texto.

A seguir, entenderemos sobre a estrutura textual de documentos.

---

115   Dias e Naves (2013, p. 27).

116   Fujita (2017, p. 30).

4

A estrutura textual de documentos

A estrutura textual de documentos é um aspecto crucial a ser considerado no processo de indexação. Portanto, este capítulo apresentará conceitos e exemplos de estruturas textuais de documentos diversos.

Primeiramente, faz-se necessário entender o que é um documento e quais são os diversos tipos que existem.

Um documento pode ser definido como um item que disponibiliza informações ou dados, representando a base tangível do conhecimento e da preservação da história da humanidade[117].

Existe grande variedade de documentos, e é papel do profissional da informação identificar cada tipo visando o tratamento adequado dos dados contidos nos mesmos.

---

117   Guinchat e Menou (1994, p. 41).

A **NBR 12676** de Métodos para análise de documentos – Determinação de seus assuntos e seleção de termos de indexação conceitua um documento de um ponto de vista mais técnico e voltado ao tratamento como qualquer entidade, independentemente de estar em formato físico ou digital, que possa ser organizada ou incluída em um sistema de catalogação ou indexação[118].

Os documentos podem ser diferenciados com base em sua forma e em seu conteúdo. Ao considerar o conteúdo de um documento, as qualidades intelectuais compreendem o propósito, o material abordado, o tema, o autor, a origem, o meio de divulgação, a disponibilidade e a autenticidade, entre outros aspectos[119].

Essas particularidades possibilitam a determinação do valor, da relevância, do público-alvo do documento e a abordagem adequada para lidar com a informação[120].

A estrutura física de um documento, por outro lado, não está relacionada às suas características intelectuais. Contudo, ela afeta a maneira como o documento é tratado quando aspectos como o peso, as dimensões, a portabilidade, a durabilidade, a idade, o estado de preservação, a singularidade e a quantidade são levados em conta[121].

O entendimento da superestrutura do conhecimento, ou seja, das estruturas ou padrões textuais abrangentes, possibilita a identificação de textos como representativos de um determinado gênero ou categoria[122]. Isso se aplica às características intelectuais do documento, quando as ideias do autor são distribuídas na estrutura do texto escrito.

---

118 ASSOCIAÇÃO BRASILEIRA DE NORMAS TÉCNICAS. *ABNT NBR 12676*. Métodos para análise de documentos: determinação de seus assuntos e seleção de termos de Indexação. Rio de Janeiro, 1992. p. 1.

119 Guinchat e Menou (1994, p. 41).

120 Guinchat e Menou (1994, p. 46).

121 Guinchat e Menou (1994, p. 42).

122 KOCH, I. V. *O texto e a construção dos sentidos*. 2ª São Paulo: Contexto, 1998. p. 28.

Desta forma, o texto como suporte para as características textuais do documento, é considerado como algo que varia conforme o autor e/ou a orientação teórica adotada[123].

Desde as origens da linguística do texto até nossos dias, este foi visto de diferentes formas, em primeiro momento, concebido como:

a. Unidade linguística (do sistema) superior à frase;
b. Sucessão ou combinação de frases;
c. Cadeia de pronominalizações ininterruptas;
d. Cadeia de isotopias;
e. Complexo de proposições semânticas[124].

No interior de orientações de natureza pragmática, o texto passou a ser encarado:

a. Pelas teorias acionais, como uma sequência de atos de fala;
b. Pelas vertentes cognitivistas, como fenômeno primariamente psíquico, resultado, portanto, de processos mentais;
c. Pelas orientações que adotam por pressuposto a teoria da atividade verbal, como parte de atividades mais globais de comunicação, que vão muito além do texto em si, já que este constitui apenas uma fase deste processo global.

O texto deixa de ser visto como uma estrutura acabada (produto), passando a ser abordado no seu próprio processo de planejamento, verbalização e construção[125].

Devemos ter em mente que o texto passa a agregar mais valor a partir do momento em que é pensado como algo que contém as ideias e informações que o autor pretendia comunicar.

---

123 *Ibid.*

124 Koch (1998, p. 21).

125 Koch (1998, p. 21).

Combinando as perspectivas apresentadas sobre o texto, compreende-mos que o texto pode ser visto como um produto parcial de nossa atividade de comunicação, a qual abarca processos, ações e estratégias que ocorrem na mente humana e são colocados em prática durante situações reais de intera-ção social[126].

Ainda sobre o texto, podemos entender que:

a. A produção textual é uma atividade verbal, a serviço de fins sociais e, portanto, inserida em contextos mais complexos de atividades;

b. Trata-se de uma atividade consciente, criativa, que compreende o desenvolvimento de estratégias concretas de ação e a escolha de meios adequados à realização dos objetivos; trata-se de uma atividade intencional que o falante, de conformidade com as condições sob as quais o texto é produzido, empreende, tentando dar a entender seus propósitos ao destinatário por meio da manifestação verbal;

c. É uma atividade interacional, visto que os interactantes, de maneiras diversas, se acham envolvidos na atividade de produção textual[127].

Assim, podemos inferir que os textos são produtos da expressão verbal de pessoas que desempenham papéis sociais, suas ações são planejadas com o objetivo de atingir um propósito social, de acordo com as circunstâncias em que a comunicação verbal ocorre[128].

Assim, a produção do texto como atividade social depende de habilida-des linguísticas e cognitivas tanto do autor, como do leitor, para que a com-preensão do texto ocorra por parte do leitor, e que pelo conteúdo lhe sejam passadas as intenções do autor.

---

126   Koch (1998, p. 22).

127   Koch (1998, p. 22).

128   Koch (1998, p. 22).

Em unidades de informação diversas existe grande variedade de documentos que integram seus acervos. Pensemos especificamente no livro, que apresenta um tipo de estrutura que difere de outros documentos, como os artigos de periódicos.

É inapropriado e impreciso orientar os catalogadores a concentrarem-se estritamente no tema central do documento que estão avaliando, e é quase impossível estabelecer diretrizes precisas para indexar um documento. Isso ocorre devido à abundância de variáveis envolvidas nesse procedimento, o que torna impraticável a implementação de um único conjunto de regras ou diretrizes para a indexação[129].

Por isso, determinar pistas fundamentadas na estrutura dos diferentes tipos de documentos em cada área do conhecimento é crucial para garantir uma boa indexação. Isso é válido principalmente quando consideramos o livro, por ser o tipo de documento mais comum e em maior número nos acervos de unidades de informação diversas.

Quando se pensa na evolução do livro, tanto em sua forma como em seu conteúdo, observa-se que o que a princípio era uma boa forma de apresentação dos livros para os editores desde o surgimento da imprensa, baseou a padronização para o tratamento de livros por meio de normas. O que facilitou o trabalho dos profissionais da informação.

De forma concisa, o livro pode ser descrito como um agrupamento de páginas impressas, que são compiladas em um volume encadernado ou apresentadas em formato de brochura. Esta perspectiva se concentra na sua manifestação física. No entanto, é igualmente importante considerar o livro como o veículo para um texto, um meio que facilita a transmissão das informações que o autor deseja comunicar ao leitor[130].

---

129   Mai (1997a, 1997b, 2000).

130   Guinchat e Menou (1994, p. 54).

É comum que sejam sugeridas diretrizes para a indexação, principalmente normas e sugestões de autores reconhecidos na área, porém estas diretrizes desamparadas de outras variáveis não são eficazes quando se pensa no produto final do processo.

É quase impossível estabelecer regras infalíveis que orientem o indexador de forma absoluta na identificação de tópicos. No entanto, o emprego de diretrizes que se fundamentem na estrutura textual dos documentos, aliadas ao conhecimento prévio do profissional e ao contexto em que atua, desempenham um papel essencial no processo de interpretação durante a indexação[131].

Esta prática resulta em produtos da indexação mais adequados às necessidades dos usuários.

Porém, é crucial considerar o tipo de livro em análise.

Comparar livros de áreas diferentes pode ser um exemplo: Um livro científico na área de Exatas ou Biológicas é completamente diferente de um livro de romance ou ficção, tanto em sua estrutura, quanto na apresentação do conteúdo.

Outros aspectos a serem considerados eventualmente são características menos importantes para a análise de assunto, como as características físicas: o nível de detalhes e materiais diferentes usados na elaboração da capa, cores, ilustrações, relevos, entre outros.

Atualmente, além das formas padronizadas de confecção de livro usadas por editoras, existem também normas que definem quais partes um livro deve apresentar como a **NBR 6029 de Informação e documentação – Livros e folhetos**.

Também existem normas mais específicas para a área, como as que apresentam quais elementos devem ser observados em um livro visando a determinação de seus assuntos, a **NBR 12676 de Métodos para análise de**

---

131   Mai (1997a, 1997b, 2000).

documentos – Determinação de seus assuntos e seleção de termos de indexação, esta última, já mencionada.

A NBR 12676 é uma tradução fiel da ISO (International Organization for Standardization) – *Methods for examining documents* de 1985. A tradução foi executada e publicada pela Associação Brasileira de Normas Técnicas (ABNT). Entenderemos estas e outras normas com mais detalhes no Capítulo 5.

Além das normas, vários autores sugerem quais tópicos na estrutura de um livro podem ser analisados visando conhecer seu conteúdo, essas considerações serão apresentadas mais à frente ainda neste capítulo.

No que diz respeito à organização dos documentos, podemos compreender que as seções que merecem uma leitura mais detalhada são aquelas que têm maior probabilidade de oferecer uma visão abrangente do conteúdo em um tempo reduzido. Isso inclui o título, o resumo, a sinopse e as conclusões. Além disso, é importante prestar atenção especial aos títulos das seções e às legendas das figuras ou tabelas. É aconselhável, também, fazer uma leitura superficial do restante do texto para confirmar se as partes mais concisas proporcionam uma representação precisa do tema abordado no documento[132].

Algumas partes da estrutura de um documento sugeridas para a leitura documentária devem ser observadas em conjunto a outras partes ou apenas para conferência de um conceito já identificado para indexação.

Isso ocorre porque algumas delas, como o título do documento, podem dar pistas erradas sobre seu *aboutness* se esta for a única fonte consultada.

Isso pode ser ressaltado ao afirmar que, teoricamente, os títulos deveriam descrever o conteúdo do documento, mas frequentemente são imprecisos e obscuros[133].

Podemos refletir sobre os títulos de documentos. O título é uma característica dos documentos que, em várias situações, pode oferecer indicações

---

132 Lancaster (2004, p. 24).

133 Guinchat e Menou (1994, p. 50).

sobre o seu conteúdo. Contudo, mesmo quando os títulos são altamente informativos, o indexador ainda precisa tomar decisões que extrapolam o título do documento[134].

Isso evidencia que é imprescindível observar outras fontes de informação além do título de um documento.

Naturalmente, em muitos livros, o autor busca deliberadamente definir o tema em uma seção específica. Isso frequentemente fornece uma indicação clara do assunto do livro. No entanto, há situações em que o título não é particularmente informativo e outras em que é escolhido principalmente para chamar a atenção, não revelando o conteúdo. Autores tendem a selecionar títulos amplos, o que significa que a área temática abordada no documento pode ser mais restrita do que o título sugere. Portanto, os títulos podem ser úteis para encontrar documentos específicos, desde que o usuário os tenha em mente, mas sua eficácia é limitada quando se trata de ser a base de um sistema completo. Eles podem dar uma ideia do tema que estamos procurando, mas, por si só, não são suficientemente precisos como especificações[135].

Mesmo se o título do livro for consideravelmente representativo, como em livros da área de Exatas, Biológicas, e algumas áreas de Humanidades, o indexador recebe apenas uma pista, mas não o assunto definitivo do documento.

Nestes casos, cabe ao profissional indexador tomar uma decisão sobre uma representação real do documento com base em mais do que a informação obtida somente a partir do título.

Uma parte da estrutura do livro que é usada com frequência é o sumário, ou em outros países, a tabela de conteúdos (*table of contents*). Sua função

---

134   Mai (2004a, p. 602).

135   FOSKETT, A. C. *A abordagem temática da informação*. Trad. Antônio Agenor Briquet de Lemos. São Paulo: Polígono; Brasília: Ed.UnB, 1973. p. 23.

é nomear as diferentes partes do documento, seus capítulos, e indicar os números de páginas.

As pistas que são fornecidas para o indexador nesta parte da estrutura textual são menos explícitas e exigem uma análise diferente e mais aprofundada do que apenas a análise do título exigiria[136].

Ainda sobre o título do livro, é importante lembrar que os primeiros elementos do texto costumam revelar as intenções do autor, enquanto as seções finais comunicam a extensão dessas intenções. Portanto, não é aconselhável limitar a indexação apenas ao título ou ao resumo[137].

Embora os títulos dos livros sejam úteis nesse processo, eles não devem ser completamente confiáveis e raramente são totalmente precisos. Por um lado, eles podem incluir termos redundantes, e por outro lado, podem omitir conceitos essenciais para uma descrição completa do conteúdo do livro. Portanto, é essencial examinar não apenas o título, mas também as listas de conteúdo, os cabeçalhos dos capítulos e as introduções para realizar uma análise de assuntos precisa[138].

Dessa forma, entende-se que o título de uma obra deve ser considerado para a indexação somente quando associado a outras partes da estrutura textual do documento analisado.

Como podemos identificar o tema de um documento de forma específica? A resposta evidente seria examinar o documento, no entanto, isso nem sempre é tão prático quanto parece. O tempo necessário para ler completamente cada item adicionado à coleção é limitado, e mesmo se tivéssemos esse tempo, talvez não compreendêssemos plenamente o seu conteúdo. Existem alternativas que podemos adotar: revisar o sumário, o prefácio ou a introdu-

---

136   Mai (2004a, p. 602).

137   Fujita (2003, p. 64).

138   Langridge (1977, p. 106).

ção, ou ler o comentário do editor na capa do livro; possivelmente, o autor pode ter preparado um resumo[139].

A seguir, podemos verificar as partes da estrutura textual que podem ser exploradas durante a leitura para indexação[140]:

- **Título e subtítulo:** o título pode ser útil ao dar uma impressão imediata do assunto do documento, mas pode ser também ilusório. Um exemplo prático é o livro "Indexação e Resumos: Teoria e Prática", de Lancaster, que é da área de Humanas, e apresenta um título que representa bem e de maneira geral, do que o livro trata, pois, um bibliotecário saberá rapidamente qual é a sua tematicidade ou o seu *aboutness*. Porém, o livro "O Guia do Mochileiro das Galáxias", de Douglas Adams, trata de que assunto? Somente pela leitura do título fica um grande vazio em nossas mentes. Este livro faz parte de uma série de ficção científica, um romance com o título abstrato e provavelmente inútil, quando se considera o trabalho de análise de assunto que o indexador realizará em uma biblioteca;

- **Tabela de conteúdos, mais conhecida como sumário:** uma lista de conteúdos ou sumário pode ajudar a esclarecer sobre o assunto e identificar assuntos relacionados. Uma lista de conteúdos pode ser especialmente útil para itens que são compilações de artigos, trabalhos, de diferentes autores;

- **Termos de indexação, palavras, ou frases impressas em fontes diferentes do resto do texto; *hiperlinks*; resumos, se houver; e outros:** estes elementos oferecem a confirmação ou oposição de impressões adquiridas a partir do exame do título, tabela de conteúdos, introdução entre outros. Um índice no fim do livro pode mostrar a quais

---

139 Foskett (1973, p. 23).

140 Lista de Taylor (2004, p. 247) e exemplos da autora.

assuntos é dada maior atenção a partir da contagem do número de vezes que aparece nas páginas do livro;

- **Ilustrações, diagramas, tabelas e legendas:** ilustrações e suas legendas são particularmente importantes para identificar assuntos em áreas como Arte, na qual em muitos casos, as ilustrações estão sempre presentes e devem ser examinadas para determinar de que assunto o documento trata. As legendas das ilustrações frequentemente são bastante representativas quanto ao assunto do documento.

Assim, considera-se a observação da estrutura de textos, tanto em livros como em outros tipos de documentos, uma estratégia crucial para a tarefa de análise de assunto para a indexação.

Um comparativo de partes da estrutura textual de diversos autores é apresentado no quadro a seguir:

Quadro 2 – Quadro comparativo das sugestões de estrutura textual:

Partes do livro	Autores da Ciência da Informação				Autores de outras áreas
	Foskett (1973)	Langridge (1977)	Lancaster (2004)	Taylor (2004)	Kato (1995)
Título e subtítulo	—	Título	Título	Título e subtítulo	—
Resumo, se houver	Resumo	—	Resumo	Resumo	Resumo
Sumário e equivalentes	Sumário	Listas de conteúdo	—	Tabela de conteúdos/ sumário	—
Introdução	Prefácio e/ou introdução	Introduções	—	—	—
Palavras em destaque	—	Cabeçalhos dos capítulos	Títulos das seções	—	Capítulos/ seções
Ilustrações, tabelas e diagramas	—	—	Legendas das ilustrações e/ou tabelas	Ilustrações, diagramas, tabelas e legendas	—
Partes diversas (incluindo referências bibliográficas)	Comentário do editor na orelha da obra (elemento opcional)	—	Sinopse e conclusões	Palavras, ou frases impressas em fontes diferentes do resto do texto; *hyperlinks*	—

Fonte: Elaborado pela autora.

A análise de assunto com base em estruturas é altamente recomendada.

Pois além de facilitar o processo, a observação de estruturas textuais de documentos proporciona maior confiabilidade aos conceitos selecionados para representar os mesmos, considerando que estes são analisados com mais diligência pelo profissional.

4.1 A estrutura textual de documentos em diferentes bibliotecas

Até agora, entendemos a importância da análise de determinadas partes de estruturas para a indexação de documentos diversos. Com base na primeira parte deste capítulo, entendemos que existem partes mais adequadas, menos indicadas, e partes não recomendadas para realizar a leitura documentária com foco na análise de assunto.

Neste momento, entenderemos com um pouco mais de profundidade sobre documentos específicos, considerando principalmente sua área de publicação.

A análise de domínio (AD) é uma abordagem bastante estudada na ciência da informação e organização do conhecimento (áreas onde a biblioteconomia se encontra).

O termo "domínio" pode ser usado para se referir a um grupo de pessoas que compartilham objetivos em comum. Estes podem emergir e serem constituídos de maneira diferente; podem ser uma área de especialização, um corpo de literatura, um grupo de pessoas trabalhando juntas em uma organização ou toda a organização[141].

---

141 Mai (2004b, p. 211).

A análise de domínio pode ser explicada na organização do conhecimentocomo um conjunto de técnicas para identificar uma base de conhecimento específica[142].

Uma questão comum na comunidade científica, principalmente em ciência da informação é: como podemos identificar um domínio? Uma descrição que se aproxima bastante de uma resposta concreta se daria ao fazer uso da metodologia de análise de domínio para a ciência da informação. Existem onze abordagens (já mencionadas no Capítulo 2) que proporcionam informações sobre como identificar e estudar domínios[143].

Essas onze abordagens para entender domínios formam uma perspectiva única para a ciência da informação. Elas oferecem relevantes investigações práticas e teóricas. Lembrando que pesquisas na área, combinando diversas abordagens, podem reforçar a identidade da ciência da informação e seus laços com a prática.

A análise de domínio implica a pesquisa de perspectivas científicas, por vezes técnicas, e paradigmas que representam diversos pontos de vista dentro de um campo específico. Isso é feito com o propósito de desenvolver uma estrutura de categorização para adquirir o conhecimento e facilitar sua disseminação e colaboração[144].

Existe um estudo de como podemos definir domínios, neste, não se define o que é um domínio, seu objetivo é delinear dois dispositivos analíticos, ou eixos para identificá-los:

---

142 SMIRAGLIA, R. P. *Domain Analysis of Domain Analysis for Knowledge Organization: Observations on an Emergent Methodological Cluster*. Knowledge Organization: International Journal devoted to Concept Theory, Classification, Indexing and Knowledge Representation. 2015. v. 42, n. 8, p. 602.

143 Hjørland (2002).

144 Albrechtsen (1993, p. 221).

- Áreas de modulação (*areas of modulation*): que define parâmetros nos nomes e na extensão do domínio;
- Graus de especialização (*degrees of specialization*): que define o alcance do domínio ao qualificar a intenção do domínio[145].

Em suma, as categorias de modulação estabelecem os limites do campo de estudo, enquanto os níveis de especialização determinam a finalidade desejada. Cada um desses dois aspectos tem dois parâmetros distintos. No que diz respeito às categorias de modulação, é necessário indicar: 1) a abrangência completa da análise do domínio – sua amplitude; e 2) como essa área é denominada – seu nome. Já em relação aos níveis de especialização, é importante 1) qualificar o enfoque do domínio – especificar sua ênfase, e 2) esclarecer onde esse domínio se situa em relação a outros campos – sua interseção[146].

Podemos considerar a existência de dois tipos de análise de domínio, a descritiva e a instrumental. A descritiva é usada, e é útil, somente em pesquisas. A instrumental é usada para criar sistemas de organização do conhecimento[147]. O segundo tipo de análise de domínio é aplicado visando o planejamento e a construção de um sistema de informação[148].

Não importa qual seja a abordagem para a análise de domínio, é sempre necessário descobrir a configuração do instrumento (*device*), ou seja, deixar claras as definições, escopo e alcance, e o propósito[149].

Em diversas situações o contexto é um importante elemento a ser considerado. Sob diferentes condições, buscamos um contexto tão claramente

---

145 TENNIS, J. T. *Two axes of domains for domains analysis*. Knowledge Organization, Wurzburg, 2003. v. 30, n. 3/4, p. 193.

146 *Ibid.*, p. 194).

147 TENNIS, J. T. *Com o que uma Análise de Domínio se parece no tocante a sua forma, função e gênero?* Brazilian Journal of Information Science, 2012. v. 6, p. 6.

148 *Ibid.* p. 7.

149 Tennis (2012).

delimitado que seja capaz de gerar uma ampla variedade de símbolos, cada um com um significado preciso e distinto[150].

A análise de domínio permite estudos de diversos processos presentes na biblioteconomia, como a indexação. A indexação orientada pelo domínio inicia-se com uma avaliação do contexto, prossegue para atender às exigências dos utilizadores, em seguida, identifica as visões e responsabilidades dos indexadores e, por fim, examina o conteúdo do documento[151].

Para realizar a indexação de forma eficiente, o indexador deve ter um conhecimento profundo sobre a essência do domínio, abrangendo sua história, correntes de pensamento, modelos predominantes, áreas de pesquisa ativas, atividades, metas e objetivos. Esse entendimento é fundamental para discernir as contribuições de um documento específico dentro desse domínio[152].

Portanto, um bibliotecário experiente em algum tipo específico de biblioteca, como escolar ou jurídica, tem muito mais chance de realizar uma indexação de qualidade em sua área.

Uma análise fundamentada em dados acerca de um domínio não é suficiente. É a compilação do saber das pessoas envolvidas nesse domínio que impulsiona o seu desenvolvimento, originando assim a sua evolução contínua do conhecimento[153].

Desta forma, a análise de domínio pode ser aplicada em bibliotecas de diversas áreas a favor de uma indexação de documentos de qualidade. Isso ocorre, pois, ao estudarmos domínios, consideramos vários aspectos de determinada comunidade, e estas apresentam particularidades.

---

150   THELLEFSEN, T. *Semiotic Knowledge Organization*: theory and method development. Semiotica, 2002. v. 142, p. 76.

151   Mai (2004b, p. 210).

152   Mai (2004b, p. 211).

153   Thellefsen (2002, p. 71).

Segundo Reale (2001, p. 12), para a "Introdução ao Estudo do direito, faz-se mister verificar quais as suas ligações, os seus nexos com outras ordens de conhecimento, especialmente com a Filosofia do direito, a Teoria Geral do direito e a Sociologia Jurídica". Portanto, é uma área bastante complexa e com diversas ramificações.

O direito e seus fenômenos são difíceis de conceituar de forma sucinta. Existem diversos critérios tendo em vista a definição de direito. Existe um conceito do direito de origem nominal (relacionado à etimologia e semântica), e um conceito real (relacionado à essência do objeto, o que ele realmente é)[154].

Considerando a complexidade de conceituar uma área tradicional com tantas ramificações, apresenta-se a seguir uma definição nominal:

A palavra "direito" na língua portuguesa teve sua origem por volta do século XIV, durante a Idade Média, derivando do baixo latim. Sua raiz remonta ao adjetivo *directus*, que denota a qualidade de algo que está em conformidade com a reta, ou seja, que não apresenta inclinação, desvio ou curvatura. Esse adjetivo é o particípio passado do verbo *dirigere*, cujo significado abrange "guiar, conduzir, traçar, alinhar, endireitar e ordenar"[155].

O campo do direito se integra de imediato na esfera social, ou seja, dentro do contexto das interações entre indivíduos na convivência em sociedade[156].

A verdade é que estabelecer uma definição precisa para o termo "direito" não se apresenta tão descomplicado. Há numerosas maneiras de empregá-lo e estruturá-lo em frases, tornando o seu conceito abrangente. As diversas

---

154 BETIOLI, A. B. *Introdução ao direito: lições de propedêutica jurídica tridimensional*. 10. ed. São Paulo: Saraiva, 2008.

155 *Ibid.*, p. 92.

156 CUNHA, P. F.; DIP, R. *Propedêutica jurídica: uma perspectiva jusnaturalista*. Campinas: Millennium, 2001. p.2.

abordagens para delimitá-lo refletem a multiplicidade de definições viáveis, e em cada uma delas, surgem distintas concepções de realidades jurídicas[157].

Visando um conceito funcional de direito para este capítulo, consideramos o domínio como um todo, e não somente o que seria direito em teoria.

O direito, assim como muitos domínios do conhecimento, é composto por diversas áreas, cada uma, com suas particularidades e características.

Em linhas gerais, algumas disciplinas do direito se enquadram na categoria do direito público nacional, que abrange o direito constitucional, administrativo, financeiro, tributário, processual e penal. Por outro lado, há também o direito internacional público. Quanto ao direito privado, ele se divide em duas categorias: o direito comum, exemplificado pelo direito civil, e o direito especial, que inclui o direito comercial, do trabalho e internacional privado[158].

Além das áreas específicas do direito, também temos a estrutura dos três poderes.

A estrutura do Estado que prevalece na maioria das sociedades modernas presume a existência de três poderes que são interdependentes e operam em harmonia, cada um com suas áreas específicas de autoridade. Assim, embora desempenhem outras funções igualmente relevantes, ao Poder Legislativo cabe primordialmente a responsabilidade de debater assuntos sociais e criar leis; ao Poder Executivo é atribuída a administração efetiva, desde que esteja dentro dos limites legais estabelecidos; enquanto o Poder Judiciário tem a incumbência de regular a aplicação das normas jurídicas, resolvendo eventuais disputas[159].

---

157 CARVALHO, A. T. de. *Teoria geral do direito*: o constructivismo lógico-semântico. 2009. Tese (Doutorado em Filosofia do Direito) – Pontifícia Universidade Católica de São Paulo, São Paulo, 2009. p. 60.

158 PASSOS, E. J. L.; BARROS, L. V. *Fontes de informação para pesquisa em direito*. Brasília: Briquet de Lemos, 2009. p.1.

159 MARQUES JÚNIOR, A. M. Fontes de informação jurídico-legislativas. Perspect. Cienc. Inf., Belo Horizonte, 1997. v. 2, n. 2, p. 164.

A tradicional teoria da separação dos poderes do Estado se baseia na concepção de que cada ramo de poder tem a capacidade de conter o outro, evitando assim potenciais excessos por parte de qualquer um deles[160].

Dessa forma, a informação de natureza jurídica frequentemente é gerada por instituições governamentais, uma vez que o Estado detém o controle exclusivo das funções legislativas e judiciárias. Esses dados requerem uma organização e tratamento, uma tarefa que se encontra sob a responsabilidade do bibliotecário especializado em direito[161].

No Brasil, a formação do bibliotecário é bastante genérica. A especialização se dá com a experiência e com as rotinas diárias em um tipo determinado de biblioteca, ou de unidade de informação.

Na esfera jurídica, em diversas situações, os bibliotecários percebem a importância de obter um diploma em direito, buscando um aprofundamento maior nessa área específica. Além disso, observa-se uma escassez de publicações acadêmicas que abordem a interseção entre ciência da informação e o campo do direito[162].

O processo de capacitação do bibliotecário é geralmente obtido por meio da graduação de maneira ampla, e, em média, a duração típica desses programas varia de quatro a cinco anos. Os cursos de menor duração são designados como tecnólogos[163].

Podemos fazer algumas considerações sobre a formação do bibliotecário que opta pela profissão na área do direito.

No que diz respeito à formação do bibliotecário, observa-se que ela requer a obtenção do diploma de bacharel em biblioteconomia, que é con-

---

160   BARROS, L. V. Uma leitura sobre a Biblioteconomia Jurídica no Brasil e em países selecionados: contribuições, particularidades, semelhanças e diferenças. Cadernos de Informação Jurídica, Brasília, 2016. v. 3, n. 1, p. 185.

161   *Ibid.*, p. 185.

162   Passos e Barros (2009).

163   Barros (2016, p. 181).

cedido por instituições de ensino superior oficialmente reconhecidas. Para especializar-se na área jurídica, o estudante deve procurar estágios em bibliotecas voltadas para o direito, a fim de adquirir experiência prática, compreender as noções essenciais e dominar o vocabulário peculiar ao campo jurídico. Alguns profissionais optam por uma abordagem alternativa, que envolve a obtenção de um diploma em direito para enriquecer ainda mais seu conhecimento e abordar as dúvidas que surgem devido aos desafios enfrentados em sua prática diária[164].

O campo do direito, como qualquer outro, requer profissionais capacitados, ativos e com competência tecnológica para desempenhar o papel de intermediários entre os repositórios de informação e os usuários[165].

Os bibliotecários especializados em direito devem ter um profundo entendimento do vocabulário que empregarão, da mesma forma que os profissionais do campo jurídico, já que a linguagem legal pode ser simplificada, mas a utilização de termos jurídicos é inevitável[166].

Nas bibliotecas especializadas em direito, a competência do bibliotecário se aprimora à medida que ele lida frequentemente com informações jurídicas, o que o torna um especialista nesse campo. Isso o capacita a desempenhar o papel de "colaborador" para os usuários em suas pesquisas, além de fortalecer sua posição como um experiente intermediário nesse contexto[167].

Cabe ao bibliotecário jurídico saber quais são suas atribuições e quais serviços estão ao alcance de seus conhecimentos sobre o domínio do direito.

---

164 Mendes (2010, p. 4).

165 BAPTISTA, S. G *et al.* O perfil do bibliotecário que atua na área jurídica: relato de pesquisa. Revista Ibero-americana de Ciência da Informação: RICI, Brasília, 2008. v. 1, n. 2, p. 159.

166 MENDES, R. R. Conhecimentos básicos sobre o bibliotecário jurídico: ferramentas e fontes da informação. Rorg, Rio Grande, 2010. p. 8.

167 LOUREIRO, R. C. C. A especialidade do Bibliotecário jurídico: bases para uma interação com o usuário operador do Direito. [S.l], 2005. p. 1.

O bibliotecário jurídico NÃO é advogado, é bibliotecário. Ele deve realizar os serviços de organização e disseminação da informação e do conhecimento jurídico sem invadir o espaço do advogado.

É aconselhável que os profissionais de informação interessados em trabalhar no campo jurídico tenham um domínio sólido da leitura e terminologia utilizadas pela comunidade jurídica. Além disso, é importante que saibam como manusear documentos e realizar pesquisas corretas nas principais fontes de informação[168].

O aumento das fontes eletrônicas de informação ampliou ainda mais a explosão de material bibliográfico, devido à crescente quantidade de informações jurídicas disponíveis na *internet* e em outros canais de divulgação. Nesse contexto, é responsabilidade do bibliotecário desempenhar o papel de mediador, constantemente buscando e explorando métodos facilitadores para recuperar informações valiosas que atendam às demandas de seus usuários[169].

Existem estudos sobre a prática deliberada de músicos e outros especialistas. Uma pesquisa revelou que os violinistas de maior destaque dedicavam uma quantidade significativamente maior de tempo a cada semana em atividades que haviam sido especialmente planejadas para aprimorar seu desempenho, um conceito conhecido como prática deliberada[170].

Um bom exemplo de prática deliberada é a prática solitária dos violinistas especialistas em trabalharem para dominar objetivos determinados pelo professor de música em aulas semanais. Em indexadores, pode-se con-

---

168   MENDES, R. R. Conhecimentos básicos sobre o bibliotecário jurídico: ferramentas e fontes da informação. Rorg, Rio Grande, 2010. p. 17.

169   MIRANDA, A. C. C. de; MIRANDA, E. S. de. Fontes de informação jurídica. Encontros Bibli: Revista Eletrônica de Biblioteconomia e Ciência da Informação, Santa Catarina, v. 22, n. 50, 2017. p. 88.

170   ERICSSON, K. A. The influence of experience and deliberate practice on the development of superior expert performance. In: ERICSSON, K. A. (org.) The Cambridge handbook of expertise and expert performance. Cambridge: Cambridge University Press, 2006. p. 693).

siderar que a leitura documentária diária ou frequente, é um tipo de prática deliberada na biblioteconomia em domínios específicos.

Em oposição ao desenvolvimento de habilidades do dia a dia, os especialistas continuam a aprimorar seu desempenho à medida que ganham mais experiência, desde que essa experiência esteja ligada à prática deliberada[171].

Assim sendo, acredita-se que quanto mais tempo o bibliotecário permanece em um domínio, melhor ele realizará a leitura documentária para a indexação. É importante destacar a importância da especialização do bibliotecário para um desempenho mais eficaz no campo jurídico. No entanto, há evidências de que a educação continuada nem sempre é a opção preferida para se preparar e superar desafios específicos da área. Em muitos casos, os bibliotecários adquirem especialização ao longo de sua carreira profissional[172].

Portanto, para suprir a falta de especialização jurídica nos cursos de graduação, o bibliotecário com intenção de atuar neste domínio, deverá contar com cursos específicos no assunto (seja por meio de cursos assíncronos, *webinars* e palestras sobre o assunto), cursos de pós-graduação na área e também com a prática deliberada durante a aquisição de experiência profissional.

Esta dica se aplica a qualquer área na qual o bibliotecário irá atuar. Se o bibliotecário atuar em bibliotecas escolares, recomenda-se entender e estudar como funciona a aquisição e tratamento de documentos na área da educação. Isso vale para qualquer domínio do conhecimento.

Pode-se compreender que a área de conhecimento desempenha um papel fundamental na definição da natureza de um documento, abrangendo uma diversidade significativa de contextos, seja em campos técnico-científicos, sociais, econômicos, históricos, jurídicos e outras esferas[173].

---

171 Ericsson (2006, p. 696).

172 Baptista et al. (2008).

173 NASCIMENTO, L. M. B.; GUIMARÃES, J. A. C. *Documento jurídico digital*: a ótica da diplomática. In: PASSOS, Edilenice (org.). Informação jurídica: teoria e prática. Brasília: Thesaurus, 2004. p. 40.

Há vários tipos de documentos, e em bibliotecas a variedade é grande. Elas podem conter em seus acervos: livros, periódicos, materiais somente em formato digital, materiais multimídia, entre outros. Porém, os livros e fascículos de periódicos, tanto em formato impresso, quanto digital, são os mais comuns e em maior quantidade.

Em bibliotecas jurídicas (bibliotecas com documentos exclusivamente da área do direito), a variedade aumenta, principalmente quando se distingue os diferentes tipos.

Em livros do domínio jurídico, podemos encontrar doutrina, jurisprudência, leis, modelos de contratos, materiais de pesquisa, entre outros.

Portanto, é crucial ter em mente que cada tipo de documento apresenta seus conteúdos de forma diferenciada em suas estruturas, mesmo quando estas são bem características, como em livros e artigos de periódicos. Este conteúdo no domínio do direito é chamado informação jurídica.

A informação na área jurídica é considerada um recurso valioso para o avanço e aprimoramento da cidadania. Por meio dela, os profissionais do direito geram conhecimento que serve como base para suas análises e orienta as decisões que moldam a convivência na sociedade[174].

Do ponto de vista conceitual, a informação jurídica tem o propósito de fundamentar as expressões de pensamento de especialistas em direito, como jurisconsultos, estudiosos, autores jurídicos, advogados, legisladores, magistrados, juízes e todos aqueles envolvidos com assuntos legais. Isso ocorre quando eles buscam estudar, regulamentar ou interpretar situações, relações e comportamentos humanos do ponto de vista legal, além de aplicar as disposições legais[175].

---

174   Miranda e Miranda (2017, p. 77).

175   PASSOS, E. J. L. O controle da informação jurídica no Brasil: a contribuição do Senado Federal. Ciência da Informação, Brasília, 1994. v. 23, n. 3, p. 363.

Há uma distinção entre informação jurídica e informação legislativa. A informação legislativa engloba documentos que surgem no contexto do processo legislativo em nível federal, estadual ou municipal, como propostas legislativas, substitutivos, pareceres, emendas, relatórios e outros tipos de documentos[176].

No direito, é evidente o aumento da quantidade de documentos divulgados nos anos recentes. A produção de informações jurídicas tem se expandido consideravelmente devido ao aumento na elaboração de textos acadêmicos e à publicação de leis[177].

Muitos documentos são produzidos e disponibilizados em meio digital, em plataformas inovadoras (sejam elas de órgãos oficiais, ou não). O objetivo é disseminar informação de maneira mais rápida, conferindo conteúdo atualizado.

As fontes de informação jurídica são classificadas em primárias, secundárias e terciárias. Para tornar mais acessível o conhecimento fragmentado contido nas fontes originais, foram criadas as fontes secundárias, que oferecem informações selecionadas e organizadas de acordo com uma estrutura específica, de acordo com seus objetivos[178].

Na área jurídica, são exemplos de **fontes primárias**: Diário Oficial da União (e as respectivas matérias e seções publicadas); Diário da Justiça Eletrônico; Diários Oficiais dos Estados e do Distrito Federal[179]. A maior parte das fontes primárias de informação jurídica está disponível em meio digital *online*.

São exemplos de **fontes secundárias**: livros, periódicos e teses; livros jurídicos; cartilhas e apostilas; periódicos jurídicos; periódicos eletrônicos; te-

---

176   Mendes (2010, p. 6).

177   Miranda e Miranda (2017, p. 78).

178   Passos e Barros (2009, p. 122).

179   Passos e Barros (2009).

ses; biblioteca digital de teses e dissertações; dicionários, enciclopédias e va-de-mécuns e coleções de leis e de jurisprudência[180].

As **fontes terciárias** têm a função de direcionar o usuário para as fontes primárias e secundárias. Como índices, bibliografias, guias de literatura, bibliografias de bibliografias, bases de dados, bibliotecas e centros de informação e documentação, todos do domínio do direito.

É evidente a falta de literatura na área jurídica que forneça diretrizes para profissionais de informação sobre como lidar com e organizar documentos legais, especialmente em relação à leitura técnica e análise de conteúdo desses documentos[181].

A falta de fluência na terminologia jurídica também é um problema comum para os bibliotecários. Portanto, cabe a estes profissionais, estudar e conhecer os tipos e estruturas de documentos deste domínio.

O documento jurídico é compreendido como um tipo de documento que pertence a uma categoria de documentos desenvolvidos ou empregados no campo do direito, com propósitos definidos, destinados a cumprir suas funções específicas[182].

Identifica-se o documento jurídico com base no conjunto de conhecimentos teóricos essenciais para sua elaboração, abrangendo o meio, o conteúdo e a forma. Essa identificação considera sua compreensão conceitual, sua estrutura e sua finalidade, seja ele um documento em formato tradicional ou um dado digital acessível por meio de um suporte eletrônico[183].

Quando consideramos a organização dos documentos jurídicos, podemos classificar a informação jurídica em três categorias distintas: analítica (com base na literatura acadêmica), normativa (mediante a legislação) e in-

---

180   Passos e Barros (2009).

181   Mendes (2010, p. 8).

182   Nascimento e Guimarães (2004, p. 40).

183   Nascimento e Guimarães (2004, p. 45).

terpretativa (usando jurisprudência). A análise analítica se caracteriza pela apresentação de uma perspectiva fundamentada em relação a um tópico específico[184].

A documentação legislativa consiste na compilação de documentos produzidos ao longo do processo legislativo, abrangendo os próprios atos legislativos, as propostas legislativas e os documentos adicionais relacionados[185].

Pode-se inferir que a palavra "jurisprudência" tem sua origem no termo latino *"jurisprudentia"*, formado por *"jus"* (direito, ciência do direito) e *"prudentia"* (sabedoria), significando literalmente a compreensão sábia da Ciência do direito. A jurisprudência resulta da interpretação e aplicação das leis em situações concretas, que são submetidas ao julgamento do sistema judicial[186].

Pode-se deduzir que a palavra "doutrina" tem sua origem no termo latino *"doctrina"*, derivado do verbo *docere* (ensinar, instruir, mostrar). No contexto jurídico, ela é amplamente entendida como o conjunto de princípios apresentados em obras de direito, nas quais teorias são estabelecidas ou interpretações são oferecidas acerca da ciência jurídica[187].

A informação jurídica contida em doutrina é comumente publicada e disseminada de forma impressa ou digital, em formato de livro ou *e-book*, e é um tipo de documento bem comum em bibliotecas da área jurídica.

Existem diversas abordagens para conceituar os tipos de documentos jurídicos. Abaixo, alguns exemplos comuns em bibliotecas jurídicas:

---

184   Passos e Barros (2009, p. 94).

185   SOUZA, S. T. de. A caracterização do documento jurídico para a organização da informação. 2013. Dissertação (Mestrado em Ciência da Informação) – Universidade Federal de Minas Gerais, Belo Horizonte, 2013. p. 79.

186   SILVA, P. Vocabulário jurídico. 32. ed. Rio de Janeiro: Forense, 2016.e Souza (2013, p. 84).

187   Silva (2016).

Legislação: é representada pelo conjunto das normas jurídicas propriamente ditas e, por extensão, da documentação referente ao processo de sua elaboração. As normas jurídicas, por sua vez, englobam, de acordo com sua hierarquia, os seguintes diplomas legais: Constituição; emenda constitucional; lei complementar; medida provisória; lei ordinária; lei delegada; decreto[188].

Exemplos de fontes:

Site do Planalto[189]:

Site da Imprensa Nacional[190]:

---

188   Marques Júnior (1997, p. 165).

189   BRASIL. Planalto. Disponível em: http://www4.planalto.gov.br/legislacao/portal-legis.

190   BRASIL. Imprensa Nacional. Disponível em: https://pesquisa.in.gov.br/imprensa/core/start.action.

Site de sistema de normas da Receita Federal[191]:

Site da Comissão de Valores Mobiliários (CVM)[192]:

Jurisprudência: é representada pelo conjunto das decisões judiciais em relação a determinado assunto ou emanadas de determinada corte ou instância de julgamento, bem como, por extensão, da documentação relativa ao processo de tomada dessas decisões. Tipos básicos: ação, sentença, recurso e acórdão[193].

---

191 BRASIL. Sistema de normas da Receita Federal. Disponível em: http://normas.receita.fazenda.gov.br/sijut2consulta/consulta.action.

192 BRASIL. Comissão de Valores Mobiliários. Disponível em: http://www.cvm.gov.br/legislacao/index.html.

193 Marques Júnior (1997, p. 166).

Exemplos de fontes:

Site do Superior Tribunal de Justiça (STJ)[194]:

Site da Justiça Federal[195]:

Site do Tribunal Superior do Trabalho (TST) [196]:

---

194   BRASIL. Superior Tribunal de Justiça. Disponível em: http://www.stj.jus.br/SCON/.

195   BRASIL. Justiça Federal. Disponível em: https://www.cjf.jus.br/jurisprudencia/unificada/.

196   BRASIL. Tribunal Superior do Trabalho. Disponível em: http://www.tst.jus.br/jurisprudencia.

Doutrina: é representada pelo conjunto da literatura técnica produzida por especialistas na área jurídica, publicada sob a forma de livros, teses, artigos de periódicos, trabalhos de congressos etc. Esse tipo de literatura, além de constituir espaço de análise, reflexão e discussão da legislação e da jurisprudência, apontando suas virtudes e imperfeições, tem também por objetivo facilitar a compreensão dos textos e documentos legais, servindo como embasamento teórico para a própria atuação jurídico-legislativa[197].

Exemplos de fontes:

Figura 4 – Exemplares de códigos e leis comentados e anotados

Fonte: *internet*[198] (compilado pela autora).

---

197 Marques Júnior (1997, p. 166).

198 Montagem elaborada a partir de imagens de exemplares coletadas nos sites Authentic livros, Casas Bahia, Magazine Luiza, Americanas.

Figura 5 – Exemplares de livros variados de diversas áreas

Fonte: *internet*[199] (compilado pela autora).

Figura 6 – Exemplares de periódicos de diversas áreas

Fonte: *internet*[200] (compilado pela autora).

Vale lembrar que neste capítulo, os exemplos são focados nos documentos que existem em maior quantidade em bibliotecas jurídicas de vários tipos (tribunais, escritórios de advocacia, departamentos jurídicos). São estes os livros e artigos de periódicos jurídicos (doutrina), em formato impresso ou digital.

---

199 Montagem elaborada a partir de imagens coletadas nos sites Americanas, Amazon e Estante Virtual.

200 Montagem elaborada a partir de imagens coletadas nos sites Kluwer Law *Online*, Amazon, JusLaboris e Revista Tributária.

Sempre que lemos um texto, estamos naturalmente à procura de elementos ou padrões que estejam em consonância com nossos conhecimentos prévios, a fim de facilitar nossa compreensão[201].

Portanto, o reconhecimento de estruturas textuais de documentos favorece o processo inferencial da leitura documentária para a indexação.

À medida que o leitor se expõe a diversas formas de estruturas textuais, ele adquire maior experiência e destreza na leitura de uma ampla variedade de textos[202].

É importante para o leitor identificar a organização do texto, pois o entendimento das estruturas maiores do mesmo facilita a compreensão das ideias-chave desse, permite a utilização de conhecimentos prévios, a inferência de significados e a formulação de suposições que contribuirão para a compreensão do tema geral[203].

O propósito do indexador é determinar o conteúdo do documento por meio de uma análise, visando representá-lo de maneira válida e imparcial, garantindo assim a precisão e objetividade da representação do assunto[204].

Existem partes da estrutura textual mais indicadas para a leitura documentária de documentos jurídicos.

Os atributos precisos que se recomenda que o indexador avalie podem variar, mas exemplos comuns incluem: o título, resumo, sumário, títulos de capítulos, subtítulos de capítulos, prefácio, introdução, conteúdo principal, referências bibliográficas, entradas de índice, elementos visuais como ilustrações, diagramas e tabelas, bem como suas respectivas legendas. As orientações específicas podem diferir dependendo do tipo de documento em processo de

---

201 Fujita (2017, p. 19).

202 Fujita (2017, p. 17).

203 Fujita (2017, p. 29).

204 MAI, J-E. *Analysis in indexing: document and domain centered approaches.* Information Processing and Management: An International Journal, Nova York, 2004b. v. 41, p. 207.

indexação, como monografias em comparação com artigos em periódicos, por exemplo[205].

Os fundamentos da ciência da informação residem nos variados tipos e estruturas de documentos. Os livros e artigos de periódico do domínio jurídico apresentam uma estrutura textual diferenciada, considerando seus três tipos (legislação, jurisprudência e doutrina).

Por isso, vale lembrar que a melhor forma de realizar uma análise segura e fiel de um documento é com base em sua estrutura. Os aspectos relacionados ao conhecimento prévio de estruturas de documentos são os responsáveis por tal conhecimento.

Desta forma, o bibliotecário estará apto a realizar a leitura documentária de forma adequada à atividade de indexação com base em estratégias de leitura.

4.2   Aspectos da semiótica observados na leitura documentária

Este capítulo busca relacionar aspectos da semiótica com a leitura documentária baseada em estruturas textuais. Serão apresentados conceitos clássicos sobre a teoria semiótica de Peirce com foco na teoria da inferência, a abdução, dedução e indução.

A disciplina que se dedica ao estudo dos signos, geralmente chamada de semiótica (derivada da palavra grega *"semeiotiké"*), analisa como os signos operam no âmbito humano e na natureza por meio do processo de semiose. Em contraste com a semiologia, que se concentra na investigação dos signos

---

205   *Ibid.*, p. 207.

em seu contexto social, a semiótica não se limita a uma única forma de manifestação linguística[206].

Aborda qualquer elemento que possa ser considerado um signo. Um signo é qualquer coisa que possa funcionar como um representante simbólico de algo diferente. Essa entidade referenciada nem precisa estar presente ou ser uma realidade atual quando o signo desempenha o seu papel[207].

A semiótica é uma exploração da essência dos signos e das conexões que eles estabelecem, considerando signo como qualquer elemento que represente ou faça às vezes de algo, em determinadas circunstâncias e com determinados propósitos[208].

A semiótica se dedica ao estudo de qualquer coisa que se estruture, ou mostre inclinação para se estruturar, na forma de linguagem, seja ela verbal ou não[209].

Além disso, é uma disciplina formal que busca compreender todos os tipos de signos que existem na natureza e na cultura. É importante destacar que a teoria dos signos tem duas principais influências: uma delas provém do estruturalismo linguístico, enquanto a outra está relacionada à lógica. A abordagem lógica está associada ao trabalho do filósofo norte-americano Charles Peirce. Na visão da semiótica peirceana, que é considerada uma ciência formal, encontramos três ramos distintos: gramática especulativa, lógica pura e retórica especulativa[210].

---

206   ALMEIDA, C. C.; FUJITA, M. S. L.; REIS, D. M. dos. Peircean Semiotics and Subject Indexing: *Contributions of Speculative Grammar and Pure Logic. Knowledge Organization: International Journal* devoted to Concept Theory, Classification, Indexing and Knowledge Representation, 2013. v. 40, n. 4, p. 231.

207   ECO, U. Tratado geral de semiótica. 5. ed. São Paulo: Perspectiva, 2014. p. 4.

208   PIGNATARI, D. Semiótica e literatura. 6. ed. Cotia: Ateliê Editorial, 2004. p. 21.

209   *Ibid.*, p. 15.

210   ALMEIDA, C. C. de. Conceito como signo: elemento semiótico para análise e mediação da informação. Scire, Saragoza, 2012. v. 2, n. 18, p. 50.

Podemos analisar a teoria semiótica com base na visão de cinco autores distintos[211]:

- Charles Sanders Peirce (1839-1914) entende que o signo é triádico, composto por um interpretante, um representâmen e por um objeto;
- Já para Ferdinand de Saussure (1857-1913), o signo é diádico, composto por significante e significado;
- Para Charles W. Morris (1901-1979), existe o signo triádico proposto – em termos de sintática, semântica e pragmática;
- Na visão de Roland Barthes (1915-1980), o signo diádico pode ser entendido em termos de denotação e conotação;
- Thomas A. Sebeok (1920-1991) realizou o estudo de Semiótica para incluir significação e comunicação de sistemas não humanos;
- E, finalmente, Umberto Eco (1932-2016) propôs o termo "signo" como produção de signos. Consideramos nesta pesquisa, principalmente, a visão de Peirce e de teóricos que se embasaram em sua teoria.

A semiótica é comumente definida como o estudo dos signos. O signo é visto como algo que toma o lugar ou simboliza objetos, ou seja, ele age como um representante da realidade, refletindo a realidade fora da linguagem, e, em teoria, é por meio dele que podemos compreendê-la[212].

O signo pode ser analogamente representado como uma folha de papel, em que o pensamento representa a frente e o som representa o verso; assim, não é possível separar um deles sem afetar simultaneamente o outro. De acordo com Saussure, o signo é percebido como uma entidade mental com duas dimensões[213].

---

211 FRIEDMAN, A. Semiotics and Knowledge Organization. In: SMIRAGLIA, R. P.; LEE, H. (ed.). Cultural Frames of knowledge. Wisconsin-milwaukee: Ergon, 2012.

212 BLIKSTEIN, I. Kaspar Hauser ou a fabricação da realidade. 2. ed. São Paulo: Cultrix, 1985. p. 20.

213 NÖTH, W. Semiótica do século XX. São Paulo: Annablume, 1996. p. 29.

Na semiótica, conforme teoria de Peirce, um signo é formado por três aspectos, que são o representâmen (que engloba o qualissigno, sinsigno e legissigno), o objeto (ícone, índice e símbolo) e o interpretante (rema, dicissigno e argumento).

O representâmen pode ser descrito como aquilo que, de uma maneira específica, age como uma representação para alguém. Ele se comunica com alguém, gerando na mente dessa pessoa um símbolo correspondente, ou até mesmo um símbolo mais elaborado. Esse símbolo é formado na mente da pessoa como um interpretante, enquanto o objeto é aquilo que o símbolo tenta refletir ou representar[214].

Peirce representa a classificação triádica dos signos a partir do modelo Y (*Y-leg model*), no qual no topo localiza-se o interpretante, na ponta esquerda fica o representâmen, e na direita o objeto[215].

Figura 7 – Y-leg *model* de Peirce

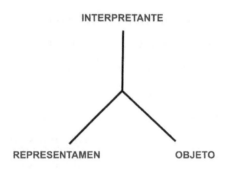

Fonte: traduzido de Mai (1997a).

---

214 SILVEIRA, L. F. Curso de semiótica geral. São Paulo: Quartier Latin, 2007. p. 29.
215 Mai (1997a).

Este modelo torna possível várias relações entre as categorias que compõem o representâmen, o interpretante e objeto, originando assim, as dez classes de signos.

Na primeira visão, um qualissigno é entendido como uma qualidade que atua como um signo, um sinsigno é uma entidade ou evento concreto que desempenha o papel de um signo (o prefixo sin expressa singularidade e simplicidade, derivado do latim *semel*), enquanto um legissigno é uma lei que desempenha a função de um signo, frequentemente criada por seres humanos[216].

No contexto da segunda categorização dos signos, um ícone é um sinal que representa o objeto por meio de uma característica específica dele, uma característica que ele tem, independentemente da existência real dele. Um índice é um sinal que aponta para o objeto porque é diretamente afetado por ele, enquanto um símbolo é um sinal que faz referência ao objeto devido a uma regra ou norma, geralmente uma associação de ideias amplas que orienta a interpretação do símbolo como representação desse objeto[217].

No contexto da terceira classificação dos signos, um rema é descrito como um sinal que, para o interpretante, funciona como um indicador de possibilidades qualitativas, representando diferentes tipos de objetos possíveis. Um signo Dicente ou dicissigno é um sinal que, para quem o interpreta, age como um indicador da existência real de algo. Por fim, um argumento é um sinal que, para quem o interpreta, atua como um indicador de uma lei ou regra[218].

As três tricotomias apresentadas, em conjunto, dão origem às dez classes de signos, que são a combinação entre as categorias de signos.

Para formar as dez classes de signos, foram criadas regras para que possam ser realizadas as relações que dão origem às dez classes de signos.

---

216   PEIRCE, C. S. *Semiótica*. 2. ed. Perspectiva: São Paulo,1995. p. 52.

217   *Ibid.*, p. 52.

218   *Ibid* , p. 53.

Diversos autores na ciência da informação (CI) e organização do conhecimento pesquisam a teoria da semiótica em vários contextos[219].

Além disso, a semiótica é derivada de especulações filosóficas sobre significado e linguagem.[220]

A semiótica e a organização do conhecimento compartilham um interesse comum na compreensão das relações que existem entre o conteúdo e sua representação, entre o que é expresso e o que é significado, entre a referência e aquilo que é referido, bem como entre os objetos informativos e seus respectivos significados[221].

O emprego de teorias semióticas em pesquisas na área de organização do conhecimento colabora na compreensão dos processos e como os profissionais pensam durante a execução dos mesmos.

A relevância do emprego da semiótica nas análises de organização do conhecimento reside na sua capacidade de estabelecer uma estrutura que ligue a linguagem aos seus conteúdos de significado, especialmente no contexto da representação do conhecimento[222].

É possível relacionar a semiótica ao processo de indexação ao afirmar que esta envolve processos de interpretação e representação de documentos, atividades altamente dependentes do contexto social e cultural. A teoria de Peirce é relevante para analisar como significados de várias palavras e expressões são produzidas em indivíduos[223].

---

219 Como Almeida, 2011, 2012, LARA, M. L. G. *É possível falar em signo e semiose documentária?* Encontros Bibli, 2° número esp., 2° sem., 2006; Mai, 1997, 2001; NERIS, L. de O. Semiótica e leitura: o fazer-receptivo do leitor analista. Estudos Semióticos, n. 2, São Paulo, 2006; RABER, D.; BUDD, J. M. *Information as sign: semiotics and information science.* Journal Of Documentation, [S. l.], v. 59, n. 5, 2003.

220 Chandler (2004, p. 5) apud Friedman (2012, p. 127).

221 Raber e Budd (2003, p. 507).

222 Friedman (2012, p. 133).

223 MAI, J-E. Semiotics and indexing: in analysis of the subject indexing process. Journal of Documentation, 2001. v.57, n.5.

Os três ramos da semiótica são a gramática especulativa, lógica pura ou crítica, e retórica especulativa ou metodêutica.

A teoria semiótica de Peirce, especificamente quando o autor articula sobre a lógica pura com foco na abdução, dedução e indução, proporciona a categorização de processos interpretativos, e está correlacionada ao processo de leitura para a indexação.

É intrínseca a relação da lógica com a leitura, independentemente da natureza desta última (documentária ou na íntegra), pois esta demanda habilidades e estratégias específicas por parte dos leitores (metacognitivas e/ou cognitivas).

A lógica é uma área da filosofia que permite uma investigação aprofundada do pensamento. Ela constitui um processo mental que, por meio do raciocínio, capacita a criação de novas afirmações com base em afirmações preexistentes[224].

É crucial ressaltar que a lógica desempenha uma função central como base teórica para conceber a indexação como um processo de natureza inferencial[225].

A interpretação equivale a uma forma de inferência. No início, guarda semelhanças com o tipo de inferência lógica que Charles Peirce denominou abdução (e, em alguns contextos, hipótese)[226].

Os três ramos da semiótica podem ser elucidados desta maneira: a gramática especulativa, a lógica pura ou crítica e a retórica especulativa ou metodêutica. Uma análise detalhada pode ser dedicada à gramática especulativa e à lógica pura, ressaltando a importância de investigar minuciosamente o intricado vínculo da indexação com a retórica especulativa, a fim de aprofundar as questões semióticas[227].

---

224   Dias e Naves (2013, p. 83).

225   Almeida, Fujita e Reis (2013, p. 240).

226   Eco (2014, p. 118).

227   Almeida, Fujita e Reis (2013, p. 237).

Sendo assim, atribui-se importância essencial à lógica quando se pretende investigar aspectos inferenciais da leitura documentária, pois a lógica pura (segundo ramo da semiótica de Peirce) procura responder à relação dos signos com os objetos[228].

A interação com o mundo, objetos e signos determinam as ações de representação dos profissionais.

O papel do indexador não se limita a criar uma simples representação do que já está nos documentos, mas envolve uma atividade ativa e desafiadora de desvendar, por meio de um processo inferencial, o significado de um documento, com o objetivo de encontrar o tópico e a entrada de tópico mais adequados para o sistema de informação[229].

Um texto não carrega seu significado intrinsecamente; em vez disso, a compreensão dos significados e conceitos que o texto busca transmitir ao leitor depende da interação durante a leitura[230].

A leitura documentária, portanto, independentemente de seus objetivos e produtos, é passível de análise por meio de aspectos manifestados na teoria semiótica. Na análise de assunto, primeira fase da indexação, ocorre o processo inferencial por meio da leitura documentária, conceitos apresentados anteriormente.

Para criar hipóteses, o nosso conhecimento prévio pode ser de grande ajuda. Nestas situações, não estamos apenas fazendo suposições, mas sim aplicando deduções elaboradas com base em regras gerais que já temos conhecimento[231].

---

228 Almeida, Fujita e Reis (2013).

229 Almeida, Fujita e Reis (2013, p. 240).

230 MAI, J-E. *Analysis in indexing: document and domain centered approaches.* Information Processing and Management: An International Journal, Nova York, 2005. v. 41, p. 604.

231 PEIRCE, C. S. *Guessing and The Founding of Pragmatism.* The Hound And Horn: A Harvard Miscellany, Indianapolis, 1929. v. 11, n. 3, p. 268.

Indivíduos habilidosos na leitura cultivam áreas específicas do cérebro que lhes permitem interpretar o texto de maneira ágil. Essas áreas são responsáveis pela captura e processamento visual, fonológico e semântico das informações, operando em alta velocidade[232].

A competência de leitura envolve três habilidades neurais essenciais – decodificação, compreensão e interpretação – e exige a coordenação sincronizada dos dois hemisférios cerebrais. No hemisfério esquerdo, encontram-se as áreas responsáveis pela decodificação e compreensão. A decodificação implica processos neurais relacionados aos sistemas de leitura, como o reconhecimento da correspondência entre fonemas e grafemas, bem como o conhecimento da sintaxe e morfologia. Por outro lado, a compreensão envolve a busca na rede de significados por informações que se assemelham ou estão relacionadas com a informação recebida. Isso abrange a interpretação e compreensão de aspectos semânticos e pragmáticos[233].

Considerando os aspectos inferenciais da leitura, explicaremos o conceito de semiose na visão de diversos autores.

Semiose é uma atividade fundamental que envolve conectar um conteúdo específico a uma expressão dada, transformando, assim, uma sequência de expressões em uma estrutura de signos[234]. De acordo com o autor, é uma tarefa que demanda competências comparáveis à do autor de determinado texto, não sendo necessariamente idênticas.

Eco descreve o conceito de semiose ilimitada (*unlimited semiosis*) com base na teoria de Peirce.

O interpretante é aquilo que o signo gera na mente do intérprete, uma espécie de definição do representâmen e, portanto, sua intenção. No entan-

---

232   TERRA, A. L. Processos cognitivos na leitura documental: o que faz o indexador quando lê? *In*: FUJITA, M. S. L.; NEVES, D. A. de B.; DAL'EVEDOVE, P. R. (org.). *Leitura documentária*: estudos avançados para a Indexação. São Paulo: Cultura Acadêmica, 2017. p. 55.

233   *Ibid.*, p. 56.

234   Neris (2006, p. 3).

to, a abordagem mais produtiva parece ser aquela que considera o interpretante como outra representação que se refere ao mesmo "objeto". Em outras palavras, para atribuir significado de um significante, é necessário associar o primeiro significante a outro, que por sua vez se relaciona com outro, e assim por diante. Isso cria um processo de semiose ilimitada[235].

Resumidamente, a semiose se justifica por sua própria natureza. Essa constante circularidade representa a condição padrão da criação de significados, e é o que viabiliza a utilização comunicativa dos signos para representar objetos e conceitos[236].

A semiótica não se dedica apenas aos signos, mas à semiose em si. Uma característica fundamental do signo é sempre se relacionar com outro signo. Assim, o pensamento em si mesmo é um signo que se conecta a outro pensamento, que atua como seu signo interpretante. Esse último, por sua vez, está ligado a outro pensamento que o interpreta, em um processo que se estende indefinidamente e de forma contínua[237].

Por meio destes conceitos básicos, é possível elucidar como os elementos da semiótica explicam a estrutura para indexação, e como os passos e elementos desta estrutura se comportam.

É viável examinar cada um dos componentes e etapas do processo de indexação utilizando a perspectiva semiótica de Peirce, aplicando-a à estrutura de indexação apresentada anteriormente na Figura 1[238] (Capítulo 2.1).

---

235   Eco (2014, p. 58).

236   Eco (2014, p. 60).

237   ARMENGAUD, F. A *pragmática*. São Paulo: Parábola, 2006. p. 27.

238   Mai (1997a).

O modelo de indexação na Figura 1[239] é uma adaptação do modelo anterior[240], cujos quadrados que representam os elementos são apresentados do mesmo tamanho.

No modelo da Figura 1, o tamanho dos quadrados foi reduzido progressivamente, indicando que a variedade de referentes é maior na base, e que vai diminuindo conforme o tamanho dos quadrados até o fim do processo[241].

Os componentes e estágios presentes no modelo de indexação são dispostos da seguinte forma: documento em análise (elemento) – análise do documento (passo) – tópico ou assunto (elemento) – descrição do tópico ou assunto (passo) – descrição do tópico ou assunto (elemento) – análise do tópico ou assunto (passo) – entrada de tópico ou assunto (elemento)[242].

A perspectiva semiótica de Peirce, quando aplicada ao modelo de indexação ilustrado na Figura 1, oferece uma representação abrangente de todo o processo de indexação.

Podem ser observados grandes avanços para entender o processo interpretativo da indexação por meio da semiose ilimitada (*unlimited semiosis*).

A semiose é definida como uma transição ininterrupta de signos para outros signos, envolvendo, adicionalmente, dois elementos fundamentais: o intérprete e o contexto[243].

Em última instância, a semiose é orientada por uma finalidade, tornando-se, desse modo, um processo télico, uma vez que se direciona (ainda que nunca alcance) para uma representação completa do objeto (que poderia ser chamada de verdade semiótica). Em outras palavras, é possível ima-

---

239 Apresentado por Mai (1997a, 1997b, 2001).

240 MIKSA, F. *The subject in the dictionary catalog from Cutter to the present.* Chicago: American Library Association, 1983.

241 Mai (1997a).

242 Mai (2001, p. 595).

243 Dascal (1978) apud Lara (2006, p. 5).

ginar um estágio final na sequência, na qual o signo se tornaria idêntico ao objeto (essa é uma possibilidade, conforme discutido)[244].

Existem estudos de linguagens documentárias a partir da abordagem linguístico-semiótica, que é assim chamada por considerar tanto os projetos semióticos de Saussure quanto de Peirce[245].

Essa perspectiva possibilita a análise tanto da estrutura dos sistemas semiológicos ou semióticos quanto do papel dos signos nos procedimentos de comunicação e interpretação de maneira simultânea[246].

É fundamental ressaltar que a linguagem documental, por sua própria natureza, atua como um interpretante que provoca possíveis interpretações e hipóteses[247].

A semiose ilimitada pode ser apresentada durante o processo de indexação fundamentando-se nas ideias de Peirce[248].

Dentro da perspectiva de semiose ilimitada, cada elemento do processo de indexação é concebido como um signo, e cada etapa desempenha o papel de uma ação de interpretação que estabelece conexões entre esses signos em uma sequência contínua[249]. A seguir, o modelo semiótico da indexação conceituado acima:

---

244   MOURA, M. A. *Ciência da informação e semiótica:* conexão de saberes. Encontros Bibli: Revista Eletrônica de Biblioteconomia e Ciência da Informação, Florianópolis, 2° n. especial, 2006.

245   Lara (2006).

246   Lara (2006, p. 20).

247   Lara (2006, p. 26).

248   Mai (1997a, 1997b, 2001).

249   Mai (2001, p. 603).

Figura 8 – Modelo semiótico de indexação proposto por Mai

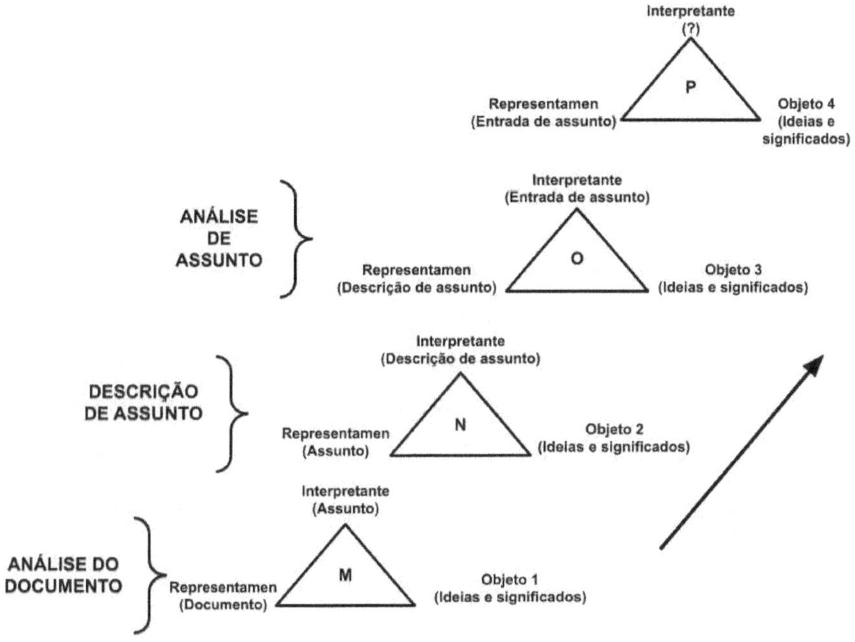

Fonte: traduzido de Mai (2001).

A semiose ilimitada no processo de indexação[250], parte de um signo, o documento. Desta forma, o indexador desempenha um ato de interpretação quando passa pelo primeiro passo do processo (análise do documento), o produto deste ato será um novo signo, o assunto.

Um novo ato de interpretação acontece quando o profissional passa pelo segundo passo, o processo de descrição de assunto, quando o que estava na mente do indexador passa a ser algo mais palpável, o produto deste ato é um novo signo, a descrição de assunto.

---

250   Proposta por Mai (2001).

Por último, ocorre um novo ato de interpretação quando se avança da descrição do assunto para a linguagem de indexação, originando um novo signo, que é a entrada de assunto[251].

Este processo pode continuar quando se considera, por exemplo, os atos interpretativos dos usuários em contato com o sistema de informação, entre outros.

O modelo semiótico de indexação que foi apresentado é apenas uma representação simplificada de um processo mais amplo. Cada triângulo representa um signo que desempenha um papel como elemento na semiose ilimitada desse processo. É importante notar que a distinção nítida entre os elementos e as etapas da indexação se torna menos clara, e não existem fronteiras precisas que delimitem com precisão os elementos e as etapas[252].

É importante lembrar que quando o indexador realiza a leitura documentária, ele não distingue os elementos dos passos, tudo é realizado quase que simultaneamente.

Por meio deste modelo, os processos interpretativos são revelados, mostrando o que ocorre durante a indexação e quando os usuários entram em contato com seus produtos finais. O modelo semiótico de indexação apresenta graficamente o processo interpretativo do analista de assunto.

Considerando articulações e os questionamentos a respeito de cada passo e elemento do processo de indexação, podemos considerar que existem signos documentários e que a semiose documentária ocorre a partir destes signos quando se pensa no processo de indexação[253].

A semiose consiste em uma sequência de atos interpretativos durante um processo, as inferências geradas podem ser abdutivas, dedutivas e indutivas. Pode-se observar a semiose no processo de indexação.

---

251   Mai (2001, p. 603).

252   Mai (2001, p. 605).

253   Mai (1997a, 1997b, 2001) e Lara (2006).

O quadro do processo inferencial de indexação abaixo relaciona os tipos de inferência ao processo de leitura documentária para indexação.

**Figura 9 – Processo inferencial de indexação
de acordo com Almeida, Fujita e Reis (2013)**

INFERÊNCIAS	ABDUTIVA	DEDUTIVA	INDUTIVA
DEFINIÇÃO	Criação de hipóteses ou sugestões explicativas sobre os conteúdos do documento	Análise das consequências da atribuição de assunto ao documento	Teste e experimentação com a suposta linguagem do sistema e do usuário
CATEGORIAS	Primeiridade	Secundidade	Terceiridade
NATUREZA	Possibilidade	Generalidade	Continuidade
ETAPAS	Criação	Análise	Comparação

Fonte: Almeida, Fujita e Reis (2013).

Podemos interpretar os conceitos de abdução, dedução e indução com base na teoria de Peirce[254].

Em comparação com a dedução e a indução, a abdução leva a três esquemas inferenciais distintos, conforme ilustrado na figura abaixo. As casas preenchidas representam os estágios argumentativos para os quais já temos proposições verificadas, enquanto as casas tracejadas representam os estágios argumentativos gerados pelo processo de raciocínio[255].

---

254 ECO, U. *Semiótica e filosofia da linguagem.* São Paulo: Piaget, 2001.

255 *Ibid.*, p. 54.

Por meio da abdução, apoiamos os processos de leitura (percepção) e geramos sugestões hipotéticas para representar o assunto. A dedução, por sua vez, lida com a seleção de termos de representação, com base na generalização intelectual das consequências. Por fim, a indução desempenha um papel fundamental ao verificar e comparar os potenciais assuntos com as linguagens de indexação, a linguagem do usuário e a linguagem do sistema de informação. Isso é feito com o objetivo contínuo de avaliar e melhorar as representações de assuntos[256].

Figura 10 – Dedução, indução e abdução de acordo com Eco

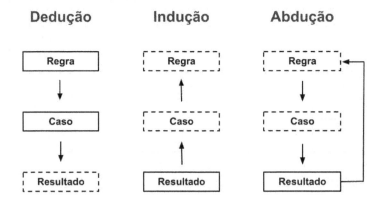

Fonte: Eco, 2001, p. 54.

Os termos lei da natureza, verdade geral e experiência podem ser usados para indicar aquilo que, na categoria abdutiva do esquema acima, é chamado de regra[257].

Em consequência, fato observado é o mesmo que resultado, e conclusão abdutiva (ou abdução, retrodução, presunção, hipótese, argumento origi-

---

256   Almeida, Fujita e Reis (2013, p. 239).
257   HARROWITZ, N. O arcabouço do modelo de detetive: Charles S. Peirce e Edgar Allan Poe. In: ECO, U.; SEBEOK, T. A. (org.). O signo de três. São Paulo: Perspectiva, 2014.

nário) é equivalente a caso. Nas categorias de dedução e indução, regra caso, ambos, podem indicar um fato observado[258].

Podemos exemplificar os conceitos de abdução, dedução e indução com base em Peirce, que se imagina em um local com vários sacos de feijão de tipos diferentes[259]:

- Observa uma pequena porção de feijão branco, e após uma busca rápida, encontra um saco contendo somente feijão branco. Infere logicamente que a porção foi tirada daquele saco. Este é um exemplo de dedução, pois há uma regra pela qual, dado um caso, se infere o resultado. "Todos os feijões deste saco são brancos" – "Estes feijões provêm deste saco" – "Estes feijões são brancos (seguramente)";
- Usando o mesmo exemplo acima, pensando na indução, dado um caso e um resultado, infere-se deles a regra: Estes feijões provêm deste saco – Estes feijões são brancos – "Todos os feijões deste saco são brancos (provavelmente)";
- No caso da abdução, tem-se a inferência de um caso por uma regra e por um resultado: "Todos os feijões deste saco são brancos" – "Estes feijões são brancos" – "Estes feijões provêm daquele saco (provavelmente)".

É necessário observar um fato ("Estes feijões são brancos"). Para explicar e compreender isso, você busca em sua mente algum vislumbre de teoria, explicação, iluminação e assim por diante.

O processo de abdução tem lugar entre o resultado e a regra, e conclui com a postulação de uma hipótese auspiciosamente satisfatória[260]. O passo final é testar a hipótese.

---

258   *Ibid.*, p. 202.

259   Eco (2014, p. 118).

260   Harrowitz (2014, p. 203).

Podemos observar outro exemplo de inferências baseadas nos três diferentes tipos de argumento[261]:

- **Dedução:**

Regra: "Todos os graves ferimentos à faca resultam em sangramento";
Caso: "Este foi um grave ferimento à faca";
Resultado: "Houve sangramento".

- **Indução:**

Resultado: "Este foi um grave ferimento à faca";
Caso: "Houve sangramento";
Regra: "Todos os graves ferimentos à faca resultam em sangramento".

- **Abdução:**

Regra: "Todos os graves ferimentos à faca resultam em sangramento";
Caso: "Houve sangramento";
Resultado: "Este foi um grave ferimento à faca".

Como observado no exemplo acima, as abduções e induções não são logicamente completas, precisam de validação externa, ao contrário das deduções[262].

A abdução é uma conjectura da realidade que necessita ser validada por meio de teste, este poderá ocorrer por meio da dedução (abordagem lógica) e indução (abordagem empírica).

Na dedução, a conclusão é consequência lógica das premissas. Já a abdução tem seu início a partir dos fatos, sem que, nesse estágio inicial, haja uma teoria específica em mente, embora seja impulsionada pela sensação de

---

261 TRUZZI, M. Sherlock Holmes: psicólogo social aplicado. *In*: ECO, U.; SEBEOK, T. A. *O signo de três*. São Paulo: Perspectiva, 2014. p. 78.

262 Truzzi (2014, p. 78).

que uma teoria se faz necessária para explicar os fatos intrigantes. Por outro lado, a indução parte de uma hipótese que parece ser auto justificável, sem que, nesse ponto de partida, haja fatos particulares em vista, embora a necessidade de fatos para apoiar a teoria seja reconhecida. Enquanto a abdução está em busca de uma teoria, a indução está em busca de fatos. Na abdução, a análise dos fatos conduz à formulação da hipótese. Já na indução, a exploração da hipótese sugere a realização de experimentos que revelam os próprios fatos que a hipótese havia indicado[263].

As melhorias e ampliações na indução (com o uso de ferramentas e métodos de observação e experimentação) e na dedução (graças à formalização da lógica analítica e ao progresso na matemática) são amplamente conhecidas, aceitas e globalmente reconhecidas[264].

Peirce atribui uma maior relevância à abdução, ou seja, à formulação de hipóteses. Ele argumenta que é somente por meio da criação de hipóteses, incluindo aquelas mais ousadas e inovadoras, que conseguimos revelar novas verdades, mesmo que de maneira aproximada e temporária. É por meio dessas novas hipóteses que podemos expandir nossa compreensão da realidade e encontrar novas direções para a exploração da experiência[265].

A abdução consiste na criação de uma hipótese explicativa, sendo a única operação lógica que traz à tona uma ideia inédita. A indução atribui um valor, enquanto a dedução elabora as implicações essenciais de uma hipótese pura[266].

---

263 SEBEOK, T. A.; UMIKER-SEBEOK, J. *Você conhece meu método*: uma justaposição de Charles S. Peirce e Sherlock Holmes. In: ECO, U.; SEBEOK, T. A. O signo de três. São Paulo: Perspectiva, 2014. p. 34.

264 BONFANTINI, M. A.; PRONI, G. Suposição: sim ou não? Eis a questão. In: ECO, U.; SEBEOK, T. A. (org.). *O signo de três*. São Paulo: Perspectiva, 2014. p. 137.

265 *Ibid.*, p. 137.

266 PEIRCE, C. S. *The Collected Papers of Charles Sanders Peirce*. Ed. Hartshorne, Charles; Weiss, Paul; Burks, Arthur. Cambridge, MA: Harvard University Press, 1931-1958. 8 v. p. 171.

Para Peirce, a inspiração abdutiva acontece em nós em um lampejo. É um ato de *insight*[267].

Em seus "Collected Papers" (1935-66) e em outras partes de seus manuscritos, Peirce apresenta o conceito que ele chama de abdução, retrodução, hipótese, presunção e argumento originário[268].

A abdução, desse modo, é a tentativa audaciosa de estabelecer um conjunto de regras de significado que permita que um signo obtenha o seu sentido[269].

A abdução é, literalmente, a base necessária que antecede a codificação de um signo. Como nos diz Peirce, a abdução cria uma ideia nova[270].

É necessário distinguir três tipos principais de abdução, com três graus ascendentes de originalidade e criatividade:

- **Abdução de tipo um:** a lei de mediação usada para inferir o caso a partir do resultado é dada de modo obrigatório e automático ou semiautomático;
- **Abdução de tipo dois:** a lei de mediação usada para inferir o caso a partir do resultado é encontrada por seleção na enciclopédia disponível;
- **Abdução de tipo três:** a lei de mediação usada para inferir o caso a partir do resultado é desenvolvida do novo, inventada. É neste último tipo de abdução que o trabalho real de suposição vem à tona[271].

---

267 PEIRCE, C. S. Escritos coligidos. *In*: PEIRCE, C. S.; FREGE, G. *Os pensadores*. São Paulo: Abril, 1980. p. 48.

268 Harrowitz (2014, p. 201).

269 Eco (2001, p. 56).

270 Harrowitz (2014, p. 205).

271 Bonfantini e Proni (2014, p. 146).

A **inferência abdutiva** explica o que ocorre na mente do sujeito, durante a leitura documentária, de forma mais detalhada. Por meio deste esclarecimento conceitual é possível observar os processos mentais durante a leitura documentária em domínios específicos.

A **inferência dedutiva** é observada principalmente durante o contato do sujeito com estruturas textuais.

A **inferência indutiva** deve ocorrer após a fase de leitura documentária e indexação, no momento do contato do usuário com os produtos da indexação.

Ler consiste em criar um texto cuja base de referência é outro texto. A atividade de leitura e interpretação é construída a partir de uma relação intertextual, em que um texto faz referência a outro, sendo este último a sua motivação fundamental[272].

Durante a leitura, existe clara influência do conhecimento prévio do leitor em domínios específicos, quanto mais este conhece sobre tal assunto, melhor e maior será sua habilidade de criação de hipóteses por meio da abdução.

A abdução "simplesmente sugere que algo pode ser". Essa colocação delega a responsabilidade de interpretação nas estratégias metacognitivas desenvolvidas pelo profissional durante toda sua experiência profissional dentro de um domínio.

Peirce acredita que a mente humana tem uma inclinação inata para conceber teorias adequadas de certos tipos. A abdução estabelece um limite para as hipóteses aceitáveis, funcionando de certa forma como um instinto[273].

Resumindo, no contexto da leitura documentária para indexação, a abdução corresponde à fase criativa, a dedução desempenha o papel de gene-

---

272   Neris (2006, p. 5).

273   Sebeok e Umiker-Sebeok (2014, p. 19).

ralização, e a indução representa a etapa de verificação e aprimoramento das representações dos tópicos[274].

A abdução é vista como o ponto de partida do pensamento científico, pois abre caminho para o surgimento de novas ideias. A abdução é o estágio preparatório, a indução é empregada para experimentar uma hipótese, e a dedução é o processo pelo qual as implicações prováveis e necessárias da hipótese são examinadas[275].

Tendo como base este argumento, seria natural entender que a abdução está presente no processo de leitura documentária, quando o analista de assunto tem a ideia inicial do que o documento trata, e depois, investiga a validade de sua hipótese por meio da dedução e indução.

---

274 Almeida, Fujita e Reis (2013, p. 238).
275 Sebeok e Umiker-Sebeok (2014, p. 23).

Figura 11 – Processo inferencial de indexação adaptado de Almeida, Fujita e Reis

INFERÊNCIAS	ABDUTIVA	DEDUTIVA	INDUTIVA
DEFINIÇÃO	Criação de hipóteses ou sugestões explicativas sobre os conteúdos do documento	Análise das consequências da atribuição de assunto ao documento	Teste e experimentação com a suposta linguagem do sistema e do usuário
CATEGORIAS	Primeiridade	Secundidade	Terceiridade
NATUREZA	Possibilidade	Generalidade	Continuidade
ETAPAS	Criação	Análise	Comparação
ETAPAS DA LEITURA DOCUMENTÁRIA	Primeiro contato do sujeito com o documento; etapa criativa proporcionada pelo conhecimento de mundo e do domínio. O sujeito já sabe o *aboutness*.	Etapa em que ocorre a conferência da parte criativa (abdução) por meio da análise da estrutura textual do documento.	Etapa envolvendo processos finais de organização do conhecimento. Uso de vocabulários controlados e preferências dos usuários durante a busca.

Fonte: Reis (2017) – adaptado de Almeida, Fujita e Reis (2013).

O leitor estratégico e competente é aquele que não só emprega adequadamente estratégias tanto ascendentes quanto descendentes, mas também mantém o propósito da leitura em foco[276].

Podemos considerar os conceitos *bottom-up* (ascendente) como de inferência indutiva, e *top-down* (descendente) como de inferência dedutiva.

O que os distingue é a dinâmica da interação. Na abordagem ascendente, não há interação entre o leitor e o texto; em vez disso, ocorre uma leitura linear, e o significado é derivado seguindo a ordem linguística apresentada na estrutura do texto. Por outro lado, na abordagem descendente, o significado é construído graças à contribuição do leitor, que faz suas próprias suposições e previsões[277].

Na leitura documentária, não é obrigatório, nem recomendável, seguir uma abordagem linear, examinando letra por letra ou palavra por palavra. O leitor progride no texto à medida que é capaz de antecipar o conteúdo subsequente[278]. Observa-se aqui, o tipo de inferência abdutiva. Em tais casos, serão utilizadas inferências abdutivas para interpretar o assunto do documento.

A leitura documentária sempre será o primeiro contato do profissional com o documento em qualquer processo de organização do conhecimento, em que ocorre a atividade inferencial e/ou abdução. Portanto, considera-se a abdução, como atividade mais relevante observada na indexação, pois é nesse momento que o bibliotecário exibe toda sua peculiaridade interpretativa por meio da leitura documentária.

Dado o conjunto de variáveis relacionadas à leitura documentária, foi criado o quadro a seguir para comparar as condições de leitura encontradas na literatura com as abordagens de leitura documentária discutidas neste livro[279].

---

276   Fujita (2017, p. 20).

277   Fujita (2017, p. 22).

278   FUJITA, M. S. L.; NARDI, M. I. A.; SANTOS, S. A *leitura em análise documentária*. Transinformação. set./dez. 1998, v. 10, n. 3, p. 20.

279   Kato (1995).

**Figura 12 – As condições de leitura e as variáveis observadas
na leitura documentária com base em Kato**

As condições de leitura (Kato, 1995)	Leitura documentária (categorização para estudos)
a) o grau de maturidade do sujeito como leitor;	Conhecimento prévio/enciclopédico/ de mundo dentro do domínio do Direito;
b) o nível de complexidade do texto; d) o gênero do texto;	Livros (humanas) dentro de um domínio específico;
c) o estilo individual;	Aspectos semióticos da leitura (observação da abdução, dedução e indução como características inferenciais);

Fonte: Reis (2019).

Na abdução, o profissional tem a liberdade para refletir sobre o *about-ness* – assunto central do documento, chamado de tematicidade[280] – do documento, antes de traduzir tudo que ele considera importante na representação para uma linguagem documentária, razão da importância desta etapa inicial. As etapas seguintes não poderão ocorrer de forma apropriada, sem a devida atenção na etapa inicial – leitura documentária.

De acordo com Peirce, a interseção dos três estágios de inferência é uma característica que se aplica tanto à resolução de questões práticas do

---

280   Fujita (2003).

cotidiano quanto a investigações com métodos especializados. Esses estágios podem ser aplicados também na pesquisa científica[281].

Para entender a personalidade e as intenções de alguém, Sherlock utilizava uma ampla gama de pistas sutis. Ele analisava minuciosamente os movimentos dos olhos e do corpo da pessoa em questão[282].

Sherlock inicia sua investigação observando, documentando e comparando uma variedade de informações visíveis (indução). A partir disso, ele desenvolve uma hipótese inicial ou interpreta os eventos observados para identificar as possíveis causas dos resultados (abdução). Sherlock, de maneira analítica, expõe as implicações necessárias das hipóteses que formula (dedução). Ele então submete essas hipóteses e as conclusões deduzidas ao teste por meio da observação e, em um sentido mais amplo, realiza experimentações (indução)[283].

O sujeito que realiza a leitura documentária em bibliotecas deverá ser, preferencialmente, um bibliotecário munido de conhecimento prévio e de diversas estratégias profissionais de leitura.

Essa gama de habilidades habilita o bibliotecário a fazer leituras com o propósito de resumir e com um viés inferencial, distinguindo-o de um leitor comum que realiza leituras de maneira espontânea e completa do documento.

Este capítulo apresentou fundamentos da estrutura textual de documentos e investigação teórica sobre a semiótica, relacionando alguns de seus aspectos com a leitura documentária.

Aqui, a abdução, dedução e indução foram relacionadas ao processo de indexação.

---

281   Bonfantini e Proni (2014, p. 136).

282   Truzzi (2014, p. 81).

283   Bonfantini e Proni (2014, p. 136).

De acordo com as recomendações de alguns autores[284], e de estudos sobre leitura documentária e semiótica, apresentou-se aqui os conceitos de abdução, dedução e indução na leitura documentária dentro do domínio jurídico.

No capítulo seguinte, serão apresentadas algumas normas relacionadas ao processo de indexação, além de exemplos de partes de estruturas textuais mencionadas neste capítulo.

---

284   Almeida, Fujita e Reis (2013).

5

Normas para indexação

Este capítulo apresentará conceitos e exemplos de normas relacionadas à análise e indexação de documentos.

Como apresentado no Capítulo 4, a observação da estrutura de textos, tanto em livros como em outros tipos de documentos é uma estratégia de grande importância para a tarefa de análise de assunto para indexação, bem como para a catalogação de assunto.

Isso ocorre, pois além de facilitar o processo, proporciona maior confiabilidade aos conceitos selecionados para representar o documento, pois esse é analisado com mais atenção pelo profissional.

Além da experiência profissional e conhecimento prévio dos bibliotecários que realizam o processo de indexação, existem normas técnicas relacionadas ao processo de análise de documentos. Apresentaremos neste capítulo algumas delas.

Primeiro, teremos a **ISO 5963:1985, norma de Documentação – Métodos para examinar documentos, determinar seus assuntos e selecionar termos de indexação.**

Na sequência, entenderemos mais sobre a **ABNT NBR 12676:1992 – Métodos para análise de documentos e determinação de seus assuntos e seleção de termos de indexação.**

Depois aprenderemos sobre a **ABNT NBR 6029:2006 de Informação e documentação – Livros e folhetos, norma crucial pelo fato de os livros serem os documentos mais comuns em bibliotecas.**

E por fim, teremos a **ABNT NBR 6022:2018 de Informação e documentação – Artigo em publicação periódica científica impressa.**

5.1 ISO 5963:1985 – Documentation – Methods for examining documents, determining their subjects, and selecting indexing terms

A ISO (International Organization for Standardization) é uma entidade internacional e autônoma, composta por 168 organismos nacionais de padronização, sem ligação governamental[285].

As normas da ISO são o resultado da experiência acumulada por indivíduos conhecedores de suas respectivas áreas, que compreendem as demandas das organizações que representam. Essas pessoas podem ser fabricantes, vendedores, compradores, clientes, associações comerciais, usuários ou autoridades reguladoras[286].

---

285 INTERNATIONAL ORGANIZATION FOR STANDARDIZATION - ISO. About us, 2023a.

286 *Ibid.*

A ISO 5963 de Documentação – Métodos para examinar documentos, determinar seus assuntos e selecionar termos de indexação (*Documentation – Methods for examining documents, determining their subjects, and selecting indexing terms*) é uma norma importante, podemos dizer pioneira, que foi publicada em 1985.

Esta norma descreve técnicas gerais para análise de documentos, e de acordo com a ISO, devem ser aplicadas em todas as situações de indexação. Qualquer agência que utilize indexadores humanos para analisar o conteúdo dos documentos e expressar os tópicos relacionados à indexação pode aplicar essas técnicas[287].

A ISO 5963 tem como objetivo incentivar a adoção de práticas comuns tanto dentro de uma única agência ou rede delas quanto entre diferentes agências de indexação, especialmente aquelas que compartilham registros bibliográficos[288].

Embora seja uma norma com mais de 30 anos de idade, ela foi revisada em 2020, e de acordo com a própria ISO, continua atual para seus propósitos.

É crucial lembrar que esta norma se aplica apenas às fases iniciais da indexação e não aborda as práticas de sistemas de indexação específicos, sejam eles pré-coordenados ou pós-coordenados[289].

Os métodos descritos na norma são particularmente concebidos para sistemas de indexação nos quais o conteúdo dos documentos é condensado e os conceitos são registrados usando uma linguagem controlada de indexação[290].

---

287 *Ibid* .

288 *Ibid* .

289 INTERNATIONAL ORGANIZATION FOR STANDARDIZATION – *ISO 5963:1985* - Documentation - Methods for examining documents, determining their subjects, and selecting indexing terms. Genebra, 1985.

290 ISO (1985).

No momento em que a norma foi desenvolvida, e ainda hoje, é evidente que a maior parte dos acervos em bibliotecas e centros de informação é composta por documentos impressos.

Embora a tendência seja a criação de bibliotecas com cada vez mais itens digitais, esta ainda é a realidade para as tradicionais (as que existem em ambiente físico).

Ou seja, em bibliotecas cuja maior parte do acervo consiste em itens impressos, é comum encontrar documentos como monografias, periódicos, relatórios, atas de conferências, mapas, entre muitos outros.

Além de materiais impressos mais comuns como livros e periódicos científicos, também é possível encontrar itens multimídia, como microfilmes, álbuns de música (discos de vinil, CDs etc.) e filmes nos mais variados formatos (VHS, DVD, Blu-ray etc.).

Considerando que uma leitura completa dos documentos em qualquer suporte é impraticável, e nem sempre necessária, o indexador deve garantir que nenhuma informação útil do documento tenha sido negligenciada.

Neste sentido, partes importantes do texto precisam ser consideradas cuidadosamente, de acordo com a norma, atenção especial deve ser dada às seguintes partes do documento:

a. Título;
b. Resumo, se fornecido;
c. Lista de conteúdos;
d. Introdução, frases iniciais dos capítulos e parágrafos e conclusão;
e. Ilustrações, diagramas, tabelas e suas legendas;
f. Palavras ou grupos de palavras sublinhadas ou impressas em um tipo de letra diferente do resto do texto[291].

---

291   ISO (1985, p. 2).

Além disso, a norma esclarece que todos esses componentes devem ser minuciosamente examinados e avaliados pelo indexador durante sua análise do documento. A indexação baseada apenas no título não é aconselhável, e um resumo, se estiver disponível, não deve ser considerado um substituto adequado para uma análise completa do texto. Títulos podem ser enganosos. Tanto estes quanto os resumos podem ser insuficientes, e em muitos casos, nenhum deles fornece a informação necessária de forma confiável para o indexador[292].

A norma sugere que, após analisar o documento, o indexador deve adotar uma abordagem metódica para identificar os conceitos fundamentais que compõem a descrição do seu conteúdo[293].

O indexador não precisa representar necessariamente todos os conceitos identificados no documento com termos de indexação. A escolha de quais conceitos devem ser incluídos ou excluídos depende do propósito pelo qual os termos de indexação serão utilizados. Diferentes finalidades podem ser identificadas, que variam desde a criação de índices alfabéticos impressos até o armazenamento mecanizado de elementos de dados para recuperação posterior por meio de computadores ou outras técnicas. A identificação de conceitos também pode ser influenciada pelo tipo de material que está sendo indexado. Por exemplo, a indexação de textos de livros e artigos de periódicos provavelmente será diferente da indexação de resumos ou sinopses. Duas características de um índice que são mais susceptíveis de serem afetadas por esses fatores são a exaustividade e a especificidade[294].

Aspectos relacionados à exaustividade, especificidade, aspectos econômicos ou sociais, expressividade para recuperação da informação, número

---

292 ISO (1985, p. 2).

293 ISO (1985, p. 2).

294 ISO (1985, p. 3).

de termos selecionados, entre outros, devem ser cautelosamente pensados, levando em consideração o tipo de biblioteca, sua política e seu público.

Estes aspectos não são abordados pelas normas relacionadas à indexação de documentos.

5.2 ABNT NBR 12676:1992 – Métodos para análise de documentos – Determinação de seus assuntos e seleção de termos de indexação

A ABNT, conhecida como Associação Brasileira de Normas Técnicas, é a entidade nacional responsável pela normalização, reconhecida e respaldada pela sociedade brasileira desde a sua criação em 28 de setembro de 1940. Sua legitimidade foi formalmente estabelecida pelo governo federal por meio de várias leis e regulamentos[295].

Conforme informações disponíveis no site da ABNT, a organização é uma instituição de caráter privado e sem fins lucrativos e desempenha o papel de membro fundador em instituições internacionais importantes, incluindo a International Organization for Standardization (ISO), a Comisión Panamericana de Normas Técnicas (COPANT) e a Asociación Mercosur de Normalización (AMN). Desde o momento de sua criação, também é parte integrante da International Electrotechnical Commission (IEC)[296].

---

295 ASSOCIAÇÃO BRASILEIRA DE NORMAS TÉCNICAS – ABNT. Quem somos, 2023b.

296 *Ibid.*

No território brasileiro, a ABNT desempenha a função de criar as Normas Brasileiras (ABNT NBR), que são desenvolvidas por intermédio de seus Comitês Brasileiros (ABNT/CB), Organismos de Normalização Setorial (ABNT/ONS) e Comissões de Estudo Especiais (ABNT/CEE)[297].

Em última análise, a ABNT trabalha em cooperação com autoridades governamentais e a sociedade em geral, desempenhando um papel fundamental na execução de políticas públicas, estimulando o crescimento dos mercados, protegendo os direitos dos consumidores e garantindo a segurança de todos os membros da comunidade[298].

A **NBR 12676** é uma tradução da **ISO 5963:1985** do ano de 1992, e fez 31 anos em 2023. No site do catálogo da ABNT, consta como confirmada em 08/02/2019.

A NBR 12676, apesar de prática, tem um ponto de vista um tanto quanto técnico, pois as recomendações apresentadas nela são subjetivas, e supõem que o profissional que a consulta já conhece várias etapas do processo de tratamento temático da informação.

Apesar de autores considerarem suas sugestões de certa forma desatualizadas, ou falhas, a NBR 12676 apresenta pontos interessantes que devem ser considerados para o processo de indexação.

A NBR 12676, diferente da NBR 6029, não tem como objetivo apresentar as partes dos documentos, e sim como analisá-los. Ela recomenda que a leitura do documento seja feita a partir do:

- Título e subtítulo;
- Resumo se houver;
- Sumário;
- Introdução;

---

297 *Ibid.*

298 *Ibid.*

- Ilustrações, diagramas, tabelas e seus títulos explicativos;
- Palavras ou grupos de palavras em destaque (sublinhadas, impressas em tipo diferente etc.);
- Referências bibliográficas[299].

A norma também sugere que o profissional não use os elementos isoladamente, e sim em conjunto, pois sozinhos podem não ser fontes confiáveis de informação.

5.3 ABNT NBR 6029 e a atualização em 2023 – Informação e documentação – Livros e folhetos

Conforme informações disponíveis no site da ABNT, foi lançada a ABNT NBR 6029:2023 – norma brasileira que trata da apresentação de livros e folhetos em relação à informação e documentação. Essa revisão da norma substitui a versão anterior, a ABNT NBR 6029:2006, e foi elaborada pelo Comitê Brasileiro de Informação e Documentação (ABNT/CB-014)[300].

A NBR 6029:2023 Informação e documentação – Livros e folhetos – Apresentação, da Associação Brasileira de Normas Técnicas (ABNT) estabelece os princípios gerais para apresentação dos elementos que constituem o livro ou folheto. É uma norma destinada a editores, autores, usuários, e especialmente profissionais da informação.

---

299 ASSOCIAÇÃO BRASILEIRA DE NORMAS TÉCNICAS - *ABNT. NBR 12676*. Métodos para análise de documentos: determinação de seus assuntos e seleção de termos de Indexação. Rio de Janeiro, 1992. p. 2.

300 ABNT (2023b).

É importante indicar de que partes o livro é composto do ponto de vista da norma (NBR 6029:2006), já que muitas dessas partes são citadas em comum por autores reconhecidos na ciência da informação como recomendações para a exploração da estrutura textual de documentos durante a análise de assunto.

É importante estabelecer definições detalhadas das partes que compõem a estrutura de um livro, conforme determinado na norma, uma vez que esses elementos são mencionados em outros momentos nestes capítulos.

A norma traz as definições das partes da estrutura que um livro deve conter e a ordem em que devem aparecer, alguns itens são obrigatórios, e outros opcionais.

Para fins de atualização e comparação, apresentaremos aspectos da NBR 6029 e sua versão de 2006 e de 2023.

De acordo com a NBR 6029:2006, a estrutura de um livro ou folheto é constituída pelas partes externa e interna:

a. Parte externa:

- Sobrecapa: elemento opcional;
- Capa: elemento obrigatório;
- Folhas de guarda: elemento obrigatório nos livros ou folhetos encadernados com materiais rígidos e elemento opcional para os livros ou folhetos encadernados com materiais flexíveis;
- Lombada: elemento obrigatório;
- Orelhas: elemento opcional.

b. Parte interna: a parte interna é constituída de elementos pré-textuais, textuais e pós-textuais.

Elementos pré-textuais: elementos que antecedem o texto com informações que ajudam na sua identificação e utilização:

- Falsa folha de rosto: elemento opcional;
- Folha de rosto: elemento obrigatório, composta pelo anverso e verso;
- Errata: elemento opcional;
- Dedicatória: elemento opcional;
- Agradecimento: elemento opcional;
- Epígrafe: elemento opcional;
- Lista de ilustrações: elemento opcional;
- Lista de tabelas: elemento opcional;
- Lista de abreviaturas e siglas: elemento opcional;
- Lista de símbolos: elemento opcional;
- Sumário: elemento obrigatório.

Elementos textuais: parte em que é desenvolvido o conteúdo, antecedida, opcionalmente, por prefácio e/ou apresentação. O prefácio (texto de esclarecimento, justificação ou comentário, escrito por outra pessoa, também chamado de apresentação quando escrito pelo próprio autor) e/ou apresentação deve começar em página ímpar, sem indicativo de seção. Em caso de novo prefácio para nova edição (todos os exemplares produzidos a partir de um original ou matriz. Pertencem à mesma edição de uma publicação todas as suas impressões, reimpressões, tiragens etc., produzidas diretamente ou por outros métodos, sem modificações, independentemente do período decorrido desde a primeira publicação), este precede os anteriores, apresentados sequencialmente, dos mais recentes aos mais antigos, indicando-se no título o número da edição correspondente (exemplos: Prefácio à 7ª edição, Prefácio à 3ª edição).

Elementos pós-textuais: elementos que complementam o trabalho:

- Posfácio: elemento opcional;
- Referências: elemento obrigatório;
- Glossário: elemento opcional;
- Apêndice: elemento opcional;
- Anexo: elemento opcional;
- Índice: elemento opcional;
- Colofão: elemento obrigatório[301].

Já na atualização de 2023 da NBR 6029, a estrutura de um livro ou folheto é organizada da seguinte forma:

a. Parte externa:

- Sobrecapa: elemento opcional;
- Capa: elemento obrigatório;
- Primeira capa: contendo nome do autor, título e subtítulo, se houver, nome da editora e/ou logomarca;
- Segunda e terceira capas: não devem conter material de propaganda;
- Quarta capa ou contracapa: onde constará o ISBN conforme NBR ISO 2108 (Informação e documentação: número padrão internacional de livro – ISBN) e código de barras, se houver;
- Folhas de guarda: elemento obrigatório somente se o livro for encadernado em capa dura;
- Lombada: elemento obrigatório conforme NBR 12225 (Informação e documentação – Lombada – Apresentação);
- Orelhas: elemento opcional.

---

301   ASSOCIAÇÃO BRASILEIRA DE NORMAS TÉCNICAS – *ABNT. NBR 6029.* Informação e documentação: livros e folhetos: apresentação. Rio de Janeiro, 2006.

b. Parte interna:

Elementos pré-textuais:

- Falsa folha de rosto: elemento opcional que deve conter no anverso: título por extenso, no verso: informações relativas à série a que pertence;
- Folha de rosto: elemento obrigatório composta pelo anverso e verso;

  ◇ Anverso: deve conter autor, título e subtítulo, se houver, outros colaboradores, se houver, indicação de edição a partir da segunda, numeração de volume, se houver mais de um, editora, local de publicação, e ano de publicação;

  ◇ Verso: deve conter direito autoral, direito de reprodução do material, título original, outros suportes disponíveis, créditos, dados internacionais de catalogação na publicação, e dados de identificação da editora;

- Errata: elemento opcional, deve ser inserida logo após a folha de rosto;
- Dedicatória: elemento opcional, deve ser apresentada em página ímpar;
- Agradecimento: elemento opcional, deve ser apresentado em página ímpar;
- Epígrafe: elemento opcional, deve ser apresentada em página ímpar conforme NBR 10520 (Informação e documentação – Citações em documentos – Apresentação);
- Lista de ilustrações: elemento opcional de acordo com a ordem apresentada na publicação;
- Lista de tabelas: elemento opcional de acordo com a ordem apresentada na publicação;
- Lista de abreviaturas e siglas: elemento opcional de acordo com a ordem alfabética das abreviaturas e siglas;

- Lista de símbolos: elemento opcional de acordo com a ordem apresentada na publicação;
- Sumário: elemento obrigatório conforme NBR 6027 (Informação e documentação – Sumário – Apresentação).

Elementos textuais:

- Prefácio e/ou apresentação: elementos opcionais, devem começar em página ímpar sem indicativo de seção;
- Texto: parte onde é desenvolvido o conteúdo, pode ser dividido em capítulos, partes, entre outros;

Elementos pós-textuais:

- Posfácio: elemento opcional, deve começar em página ímpar após os elementos textuais;
- Referências: elemento obrigatório conforme NBR 6023 (Informação e documentação – Referências – Elaboração);
- Glossário: elemento opcional, deve começar em página ímpar e em ordem alfabética;
- Apêndice: elemento opcional, apresentado da seguinte forma: Apêndice A - título do item;
- Anexo: elemento opcional, apresentado da seguinte forma: Anexo B – título do item;
- Índice: elemento opcional conforme NBR 6034 (Informação e documentação – Índice – Apresentação);
- Colofão: elemento era obrigatório na versão de 2006, passa a ser opcional na versão de 2023[302].

---

302 ASSOCIAÇÃO BRASILEIRA DE NORMAS TÉCNICAS – *ABNT*. NBR 6029. Informação e documentação: livros e folhetos: apresentação. Rio de Janeiro, 2023.

Além da estrutura de livros e folhetos, a NBR 6029:2023 apresenta as regras gerais para aplicação da norma.

A paginação deve seguir numeração com algarismos arábicos, contando das folhas iniciais do livro até o sumário, mas sem numerá-las.

O título interno é um elemento opcional, apresentado conforme a NBR 6024 (Informação e documentação – Numeração progressiva das seções de um documento escrito – Apresentação).

O título corrente também é um elemento opcional. Pode conter nome do autor, título, autor do capítulo ou da parte, pode constar em páginas pares e ímpares.

As citações devem ser apresentadas de acordo com a NBR 10520.

As abreviaturas e siglas devem ser indicadas entre parênteses e precedidas de nome completo quando aparecerem pela primeira vez no texto.

As notas devem ser apresentadas de acordo com a NBR 10520.

Equações e fórmulas devem ser destacadas do texto, visando facilitar a leitura.

Ilustrações devem ser precedidas da palavra que melhor represente seu tipo. Também devem constar informações de fonte da imagem, conforme a NBR 10520.

Tabelas devem ser citadas no texto, o mais próximo possível do trecho que faz referência a elas. Devem seguir as Normas de Apresentação Tabular do IBGE (Instituto Brasileiro de Geografia e Estatística).

É importante entender os aspectos da nova versão da NBR 6029, pois a forma como um documento é organizado exerce influência direta em como este será analisado pelo profissional indexador.

Outro aspecto interessante da versão de 2023 da NBR 6029 é que livros e folhetos em meio eletrônico também são considerados. Diferente da edição de 2006.

Reconhecer materiais em meio eletrônico em normas técnicas é um grande passo para entender melhor esses documentos, buscando oferecer um tratamento ótimo, e como consequência, uma recuperação mais eficaz pelos usuários da informação.

De acordo com a ABNT, cabe ao editor ou editora de publicação, o projeto gráfico do livro ou folheto em meio eletrônico.

Sua estrutura é apresentada na norma de forma mais concisa do que a de um livro impresso.

Portanto, a estrutura de um livro ou folheto em meio eletrônico deve ser composta por:

- Tela de abertura ou capa;
- Tela de dados e créditos ou folha de rosto: nessa parte deve ser indicado o ISBN da versão digital;
- Errata, dedicatória, agradecimentos e epígrafe: elementos opcionais e que podem ser apresentados em telas diferentes;
- Sumário: elaborado conforme a NBR 6027;
- Elementos textuais;
- Elementos pós-textuais.

A INDEXAÇÃO DE LIVROS EM BIBLIOTECAS

Figura 13 – Estrutura externa de livros

Fonte: Ipea, 2023.

Temos acima um exemplo de estrutura externa de livros. O Ipea (Instituto de Pesquisa Econômica Aplicada) recomenda que a parte externa de livros seja composta pelas seguintes partes:

- Orelhas;
- Quarta capa, ou contracapa;
- Missão;
- Logo na lombada do livro;
- Título na primeira capa e na lombada do livro;
- Selo da editora no canto inferior direito da primeira capa;
- Organizadores da obra no canto inferior esquerdo da primeira capa;

- Autores na quarta capa;
- Outros logos na parte inferior da quarta capa;
- ISBN e código de barras no canto inferior esquerdo da quarta capa.

É claro que a estrutura recomendada pelo Ipea pode variar de editora para editora. Por exemplo, algumas editoras não adotam as orelhas em suas obras.

A estrutura externa dos livros obviamente não exerce influência em seus conteúdos, é meramente uma escolha estética da editora.

Na sequência, serão apresentados exemplos de partes da estrutura de doutrina, que são livros na área do direito. Foram considerados livros de diversas áreas específicas, já que o direito consiste em uma grande área com várias ramificações.

Foram consideradas as partes listadas pela NBR 6029 – Informação e documentação – Livros e folhetos.

Estrutura de livros:

<u>Capa</u>: é uma parte bastante consultada por analistas de assunto e usuários. É o primeiro contato com o documento, muitas chamam atenção devido às cores vivas e ilustrações. A capa de frente, que é a capa principal, também é conhecida como primeira capa, enquanto a segunda e terceira capas são as partes internas da capa[303]. O primeiro contato geralmente se dá com a análise do título do documento, elemento mais consultado pelos profissionais para iniciar a leitura documentária. Normalmente, é possível encontrar informações inconsistentes com outras partes do livro, como número da edição ou subtítulo (alguns subtítulos da capa divergem dos da folha de rosto). Não é uma fonte de informação confiável.

---

303   LIMA, R. *A estrutura de uma capa de livro*, 2023.

Figura 14 – Exemplos de capas de livros da área jurídica

Fonte: *internet*[304] (compilado pela autora).

Contracapa ou quarta capa: assim como a capa, é um dos primeiros elementos a ser consultado. O indexador costuma pegar o livro, olhar a capa, virá-lo, e então olhar a contracapa. Alguns livros não contam com esse tipo de informação, principalmente os livros digitais, e os livros antigos ou de capa dura (coleções). A quarta capa corresponde à capa final, localizada no verso do livro, destinada à inclusão do texto de apresentação da obra[305]. Quando

---

304 Montagem elaborada a partir de imagens coletadas nos sites Amazon, Livraria Travessa, Editora Erica e Grupo Gen.

305 Lima (2023).

presente no livro, apresenta informações breves sobre o conteúdo, autor ou coleção. É nessa parte que costuma constar o código de barras com ISBN do livro (exceto nos livros de capa dura). Em diversas situações, o mesmo tipo de informação que seria apresentada nesta parte, aparece na orelha do livro como vemos a seguir:

Figura 15 – Exemplos de contracapas de livros da área jurídica

Fonte: Júnior; Reis (compilado pela autora).

Além das capas de um livro, a lombada pode ser definida como a área onde as capas estão conectadas ao miolo do livro. A largura da lombada é determinada pelo número de páginas do livro e pelos tipos de papel e gramaturas usados tanto nas páginas internas quanto na capa do livro[306].

---

306   Lima (2023).

Orelha: apresenta informações mais concisas do que as presentes na contracapa. São informações breves sobre o livro, autores e coleção. Varia bastante de editora para editora. As orelhas desempenham uma dupla função: além de fornecer suporte para informações comerciais e editoriais, também têm uma utilidade física ao fortalecer a estrutura da capa em encadernação do tipo brochura[307]. As capas de livros em formato brochura geralmente são impressas em papel mais fino, o que pode levar a danos nas extremidades das capas se não houver o uso das orelhas. Os termos tecnicamente precisos para distinguir essas orelhas são: orelha da capa ou primeira orelha, e orelha da quarta capa ou segunda orelha[308].

Figura 16 – Exemplos de orelhas de livros

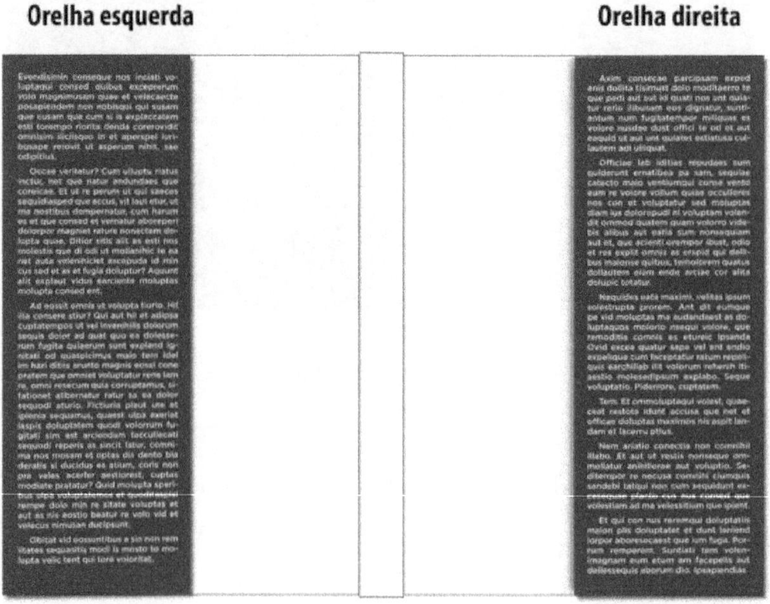

Fonte: Ipea, 2023.

---

307   Lima (2023).

308   Lima (2023).

Anverso da folha de rosto: parte que costuma ser sempre consultada por indexadores. É a parte em que se recomenda a extração de informações para iniciar a análise dos documentos, já que como vimos antes, a capa não é sempre confiável. Alguns livros apresentam uma falsa folha de rosto antes da folha de rosto original. Apresenta título, subtítulo (quando houver), edição (quando houver), editora, local de publicação e ano de publicação. Algumas trazem informações da coleção, e informações sobre o acesso *online* do livro (quando houver).

Figura 17 – Exemplos de anverso de folhas de rosto de livros da área jurídica

Fonte: Miragem; Mamede; Tartuce; Motta (compilado pela autora).

Verso da folha de rosto: parte habitualmente consultada por indexadores. Apresenta informações sobre a edição, publicação e autores. Seria o local correto para a ficha catalográfica, que é um elemento muitas vezes negligenciado pelas editoras de livros. Alguns livros contêm fichas com informações incorretas ou divergentes do anverso da folha de rosto. Em alguns casos, as editoras não incluem a ficha catalográfica em seus livros. Alguns indexadores costumam consultar os assuntos da ficha após a análise de assunto do livro, para mera conferência.

Figura 18 – Exemplos de verso de folhas de rosto de livros da área jurídica

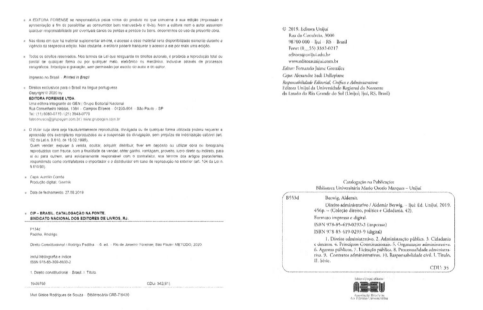

Fonte: Padilha; Berwig (compilado pela autora).

Apresentação: elemento que não aparece em todos os livros da área jurídica. Muitos estão relacionados ao conteúdo da edição e aos autores atualizadores de conteúdo.

Figura 19 – Exemplos de apresentações de livros da área jurídica

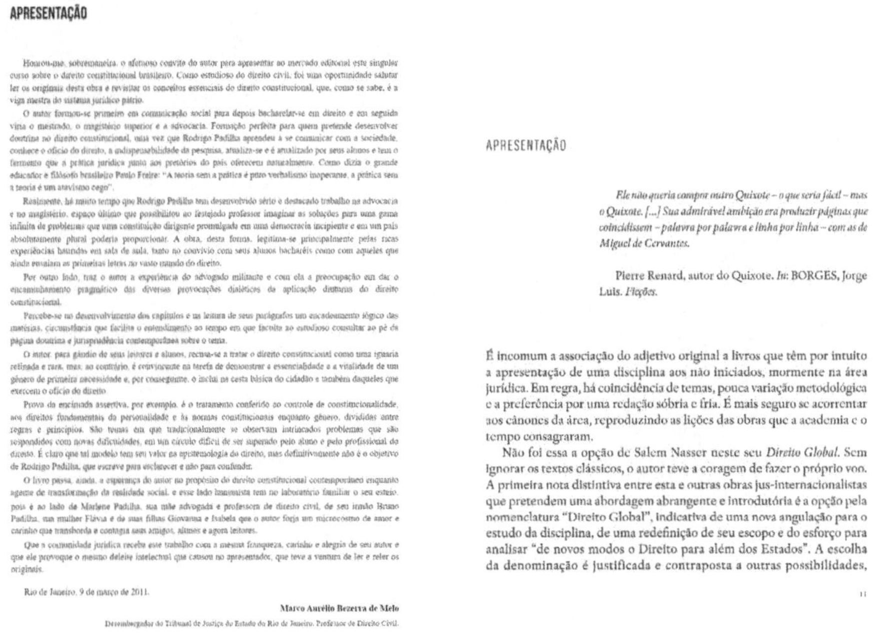

APRESENTAÇÃO

Honrou-me, sobremaneira, o afetuoso convite do autor para apresentar ao mercado editorial este singular curso sobre o direito constitucional brasileiro. Como estudioso do direito civil, foi uma oportunidade salutar ler os originais desta obra e revisitar os conceitos essenciais do direito constitucional, que, como se sabe, é a viga mestra do sistema jurídico pátrio.

O autor formou-se primeiro em comunicação social para depois bacharelar-se em direito e em seguida vira o mestrado, o magistério superior e a advocacia. Formação perfeita para quem pretende desenvolver doutrina no direito constitucional, uma vez que Rodrigo Padilha aprendeu a se comunicar com a sociedade, conhece o ofício do direito, a indispensabilidade da pesquisa, atualiza-se e é atualizado por seus alunos e tem o fermento que a prática jurídica junto aos pretórios do país ofereceu naturalmente. Como dizia o grande educador e filósofo brasileiro Paulo Freire: "A teoria sem a prática é puro verbalismo inoperante, a prática sem a teoria é um ativismo cego".

Realmente, há muito tempo que Rodrigo Padilha tem desenvolvido sério e destacado trabalho na advocacia e no magistério, espaço último que possibilitou ao festejado professor imaginar as soluções para uma gama infinita de problemas que uma constituição dirigente promulgada em uma democracia incipiente e em um país absolutamente plural poderia proporcionar. A obra, desta forma, legitima-se principalmente pelas ricas experiências hauridas em sala de aula, tanto no convívio com seus alunos bacharéis como com aqueles que ainda ensaiam as primeiras letras no vasto mundo do direito.

Por outro lado, traz o autor a experiência do advogado militante e com ela a preocupação em dar o encaminhamento pragmático das diversas provocações dialéticas de aplicação diuturna do direito constitucional.

Percebe-se no desenvolvimento dos capítulos e na leitura de seus parágrafos um encadeamento lógico das matérias, circunstância que facilita o entendimento ao tempo em que faculta ao estudioso consultar ao pé da página doutrina e jurisprudência contemporânea sobre o tema.

O autor, para gáudio de seus leitores e alunos, recusa-se a tratar o direito constitucional como uma iguaria refinada e rara, mas, ao contrário, é convincente na tarefa de demonstrar a essencialidade e a vitalidade de um gênero de primeira necessidade e, por conseguinte, o inclui na cesta básica do cidadão e também daqueles que exercem o ofício do direito.

Prova da encimada assertiva, por exemplo, é o tratamento conferido ao controle de constitucionalidade, aos direitos fundamentais da personalidade e às normas constitucionais enquanto gênero, divididas entre regras e princípios. São temas em que tradicionalmente se observam intrincados problemas que são respondidos com novas dificuldades, em um círculo difícil de ser superado pelo aluno e pelo profissional do direito. É claro que tal modelo tem seu valor na epistemologia do direito, mas definitivamente não é o objetivo de Rodrigo Padilha, que escreve para esclarecer e não para confundir.

O livro passa, ainda, a esperança do autor no propósito do direito constitucional contemporâneo enquanto agente de transformação da realidade social, e esse lado humanista tem no laboratório familiar o seu esteio, pois é ao lado de Marlene Padilha, sua mãe advogada e professora de direito civil, de seu irmão Bruno Padilha, sua mulher Flávia e de suas filhas Giovanna e Isabela que o autor forja um microcosmo de amor e carinho que transborda e contagia seus amigos, alunos e agora leitores.

Que a comunidade jurídica receba este trabalho com a mesma franqueza, carinho e alegria de seu autor e que ele provoque o mesmo deleite intelectual que causou no apresentador, que teve a ventura de ler e reler os originais.

Rio de Janeiro, 9 de março de 2011.

Marco Aurélio Bezerra de Melo

Desembargador do Tribunal de Justiça do Estado do Rio de Janeiro. Professor de Direito Civil.

APRESENTAÇÃO

Ele não queria compor outro Quixote – o que seria fácil – mas o Quixote. [...] Sua admirável ambição era produzir páginas que coincidissem – palavra por palavra e linha por linha – com as de Miguel de Cervantes.

Pierre Renard, autor do Quixote. *In*: BORGES, Jorge Luis. *Ficções*.

É incomum a associação do adjetivo original a livros que têm por intuito a apresentação de uma disciplina aos não iniciados, mormente na área jurídica. Em regra, há coincidência de temas, pouca variação metodológica e a preferência por uma redação sóbria e fria. É mais seguro se acorrentar aos cânones da área, reproduzindo as lições das obras que a academia e o tempo consagraram.

Não foi essa a opção de Salem Nasser neste seu *Direito Global*. Sem ignorar os textos clássicos, o autor teve a coragem de fazer o próprio voo. A primeira nota distintiva entre esta e outras obras jus-internacionalistas que pretendem uma abordagem abrangente e introdutória é a opção pela nomenclatura "Direito Global", indicativa de uma nova angulação para o estudo da disciplina, de uma redefinição de seu escopo e do esforço para analisar "de novos modos o Direito para além dos Estados". A escolha da denominação é justificada e contraposta a outras possibilidades,

11

Fonte: Padilha; Nasser (compilado pela autora).

Prefácio: parte com conteúdo semelhante à apresentação e notas de um livro. Varia de acordo com a preferência dos autores e editores. Parte frequentemente consultada por analistas de assunto.

Figura 20 – Exemplos de prefácios de livros da área jurídica

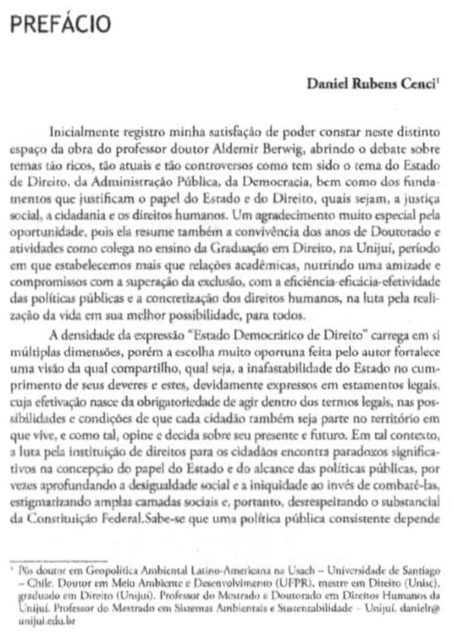

PREFÁCIO

Daniel Rubens Cenci[1]

Inicialmente registro minha satisfação de poder constar neste distinto espaço da obra do professor doutor Aldemir Berwig, abrindo o debate sobre temas tão ricos, tão atuais e tão controversos como tem sido o tema do Estado de Direito, da Administração Pública, da Democracia, bem como dos fundamentos que justificam o papel do Estado e do Direito, quais sejam, a justiça social, a cidadania e os direitos humanos. Um agradecimento muito especial pela oportunidade, pois ela resume também a convivência dos anos de Doutorado e atividades como colega no ensino da Graduação em Direito, na Unijuí, período em que estabelecemos mais que relações acadêmicas, nutrindo uma amizade e compromissos com a superação da exclusão, com a eficiência-eficácia-efetividade das políticas públicas e a concretização dos direitos humanos, na luta pela realização da vida em sua melhor possibilidade, para todos.

A densidade da expressão "Estado Democrático de Direito" carrega em si múltiplas dimensões, porém a escolha muito oportuna feita pelo autor fortalece uma visão da qual compartilho, qual seja, a inafastabilidade do Estado no cumprimento de seus deveres e estes, devidamente expressos em estamentos legais, cuja efetivação nasce da obrigatoriedade de agir dentro dos termos legais, nas possibilidades e condições de que cada cidadão também seja parte no território em que vive, e como tal, opine e decida sobre seu presente e futuro. Em tal contexto, a luta pela instituição de direitos para os cidadãos encontra paradoxos significativos na concepção do papel do Estado e do alcance das políticas públicas, por vezes aprofundando a desigualdade social e a iniquidade ao invés de combaté-las, estigmatizando amplas camadas sociais e, portanto, desrespeitando o substancial da Constituição Federal. Sabe-se que uma política pública consistente depende

[1] Pós doutor em Geopolítica Ambiental Latino-Americana na Usach – Universidade de Santiago – Chile. Doutor em Meio Ambiente e Desenvolvimento (UFPR). mestre em Direito (Unisc). graduado em Direito (Unijuí). Professor de Mestrado e Doutorado em Direitos Humanos da Unijuí. Professor do Mestrado em Sistemas Ambientais e Sustentabilidade - Unijuí. danielr@unijui.edu.br

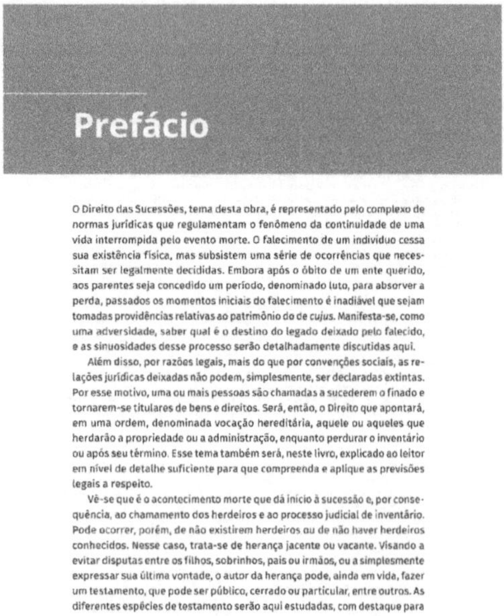

Prefácio

O Direito das Sucessões, tema desta obra, é representado pelo complexo de normas jurídicas que regulamentam o fenômeno da continuidade de uma vida interrompida pelo evento morte. O falecimento de um indivíduo cessa sua existência física, mas subsistem uma série de ocorrências que necessitam ser legalmente decididas. Embora após o óbito de um ente querido, aos parentes seja concedido um período, denominado luto, para absorver a perda, passados os momentos iniciais do falecimento é inadiável que sejam tomadas providências relativas ao patrimônio do de cujus. Manifesta-se, como uma adversidade, saber qual é o destino do legado deixado pelo falecido, e as sinuosidades desse processo serão detalhadamente discutidas aqui.

Além disso, por razões legais, mais do que por convenções sociais, as relações jurídicas deixadas não podem, simplesmente, ser declaradas extintas. Por esse motivo, uma ou mais pessoas são chamadas a sucederem o finado e tornarem-se titulares de bens e direitos. Será, então, o Direito que apontará, em uma ordem, denominada vocação hereditária, aquele ou aqueles que herdarão a propriedade ou a administração, enquanto perdurar o inventário ou após seu término. Esse tema também será, neste livro, explicado ao leitor em nível de detalhe suficiente para que compreenda e aplique as previsões legais a respeito.

Vê-se que é o acontecimento morte que dá início à sucessão e, por consequência, ao chamamento dos herdeiros e ao processo judicial de inventário. Pode ocorrer, porém, de não existirem herdeiros ou de não haver herdeiros conhecidos. Nesse caso, trata-se de herança jacente ou vacante. Visando a evitar disputas entre os filhos, sobrinhos, pais ou irmãos, ou a simplesmente expressar sua última vontade, o autor da herança pode, ainda em vida, fazer um testamento, que pode ser público, cerrado ou particular, entre outros. As diferentes espécies de testamento serão aqui estudadas, com destaque para

Fonte: Berwig; Giacomelli (compilado pela autora).

Sumário: parte que deve ser sempre consultada pelos analistas de assunto. É considerada de extrema importância para a análise de assunto. Em alguns livros mais antigos, principalmente, mas não exclusivamente, pode ser nomeada de índice. Sua extensão varia, dependendo da quantidade e profundidade dos assuntos abordados. Alguns analistas de assunto fazem uma representação exaustiva dos termos representados no sumário, dependendo da política da biblioteca.

Figura 21 – Exemplos de sumários de livros da área jurídica

Fonte: Giacomelli; Berwig; Giacomelli; Pinto (compilado pela autora).

Capítulos – desenvolvimento do texto: alguns indexadores pulam esta parte. Em alguns casos, as informações apresentadas nos sumários já são suficientes para representar os principais assuntos do livro. Os indexadores costumam consultar o desenvolvimento do livro quando o sumário é curto ou inexistente. Assim como todas as partes apresentadas até agora, pouco difere a versão impressa da versão digital.

Figura 22 – Exemplos de capítulos – desenvolvimento do texto de livros da área jurídica

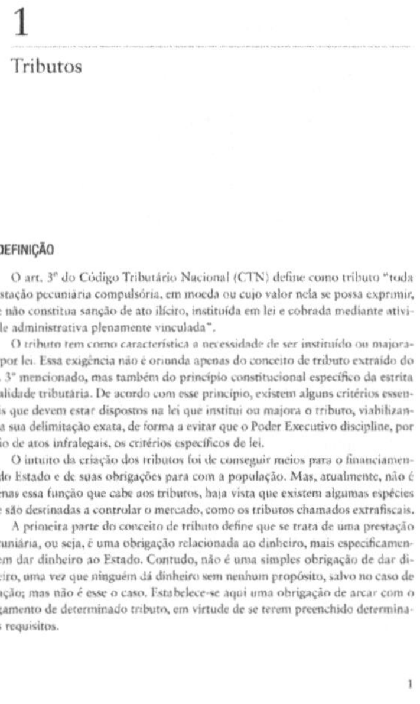

1

Tributos

1. DEFINIÇÃO

O art. 3º do Código Tributário Nacional (CTN) define como tributo "toda prestação pecuniária compulsória, em moeda ou cujo valor nela se possa exprimir, que não constitua sanção de ato ilícito, instituída em lei e cobrada mediante atividade administrativa plenamente vinculada".

O tributo tem como característica a necessidade de ser instituído ou majorado por lei. Essa exigência não é oriunda apenas do conceito de tributo extraído do art. 3º mencionado, mas também do princípio constitucional específico da estrita legalidade tributária. De acordo com esse princípio, existem alguns critérios essenciais que devem estar dispostos na lei que institui ou majora o tributo, viabilizando a sua delimitação exata, de forma a evitar que o Poder Executivo discipline, por meio de atos infralegais, os critérios específicos de lei.

O intuito da criação dos tributos foi de conseguir meios para o financiamento do Estado e de suas obrigações para com a população. Mas, atualmente, não é apenas essa função que cabe aos tributos, haja vista que existem algumas espécies que são destinadas a controlar o mercado, como os tributos chamados extrafiscais.

A primeira parte do conceito de tributo define que se trata de uma prestação pecuniária, ou seja, é uma obrigação relacionada ao dinheiro, mais especificamente em dar dinheiro ao Estado. Contudo, não é uma simples obrigação de dar dinheiro, uma vez que ninguém dá dinheiro sem nenhum propósito, salvo no caso de doação; mas não é esse o caso. Estabelece-se aqui uma obrigação de arcar com o pagamento de determinado tributo, em virtude de se terem preenchido determinados requisitos.

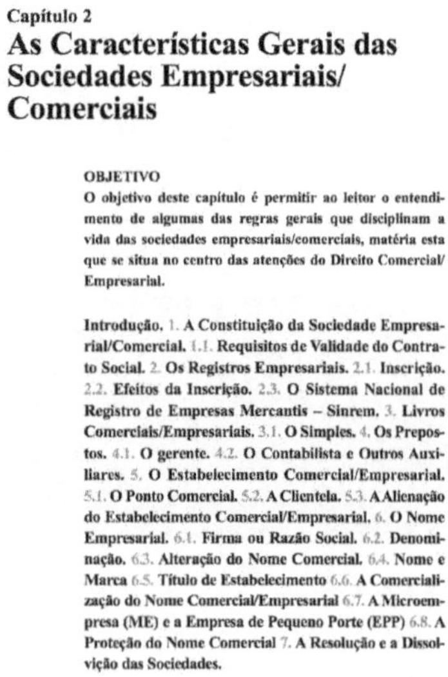

Capítulo 2

As Características Gerais das Sociedades Empresariais/ Comerciais

OBJETIVO
O objetivo deste capítulo é permitir ao leitor o entendimento de algumas das regras gerais que disciplinam a vida das sociedades empresariais/comerciais, matéria esta que se situa no centro das atenções do Direito Comercial/ Empresarial.

Introdução. 1. A Constituição da Sociedade Empresarial/Comercial. 1.1. Requisitos de Validade do Contrato Social. 2. Os Registros Empresariais. 2.1. Inscrição. 2.2. Efeitos da Inscrição. 2.3. O Sistema Nacional de Registro de Empresas Mercantis – Sinrem. 3. Livros Comerciais/Empresariais. 3.1. O Simples. 4. Os Prepostos. 4.1. O gerente. 4.2. O Contabilista e Outros Auxiliares. 5. O Estabelecimento Comercial/Empresarial. 5.1. O Ponto Comercial. 5.2. A Clientela. 5.3. A Alienação do Estabelecimento Comercial/Empresarial. 6. O Nome Empresarial. 6.1. Firma ou Razão Social. 6.2. Denominação. 6.3. Alteração do Nome Comercial. 6.4. Nome e Marca 6.5. Título de Estabelecimento 6.6. A Comercialização do Nome Comercial/Empresarial 6.7. A Microempresa (ME) e a Empresa de Pequeno Porte (EPP) 6.8. A Proteção do Nome Comercial 7. A Resolução e a Dissolvição das Sociedades.

Fonte: Pinto; Reis (compilado pela autora).

Como observado até o momento, a NBR 6029 é crucial para a análise de documentos. Embora não apresente regras para indexação de documentos, entender sobre estruturas textuais é essencial para um bom trabalho de análise para a indexação.

5.4 ABNT NBR 6022:2018 – Informação e documentação – Artigo em publicação periódica científica impressa

Aprendemos sobre diversas normas voltadas para a análise de livros focadas na indexação. Neste capítulo, entenderemos sobre uma norma cujo foco são os artigos de periódicos científicos, que juntamente com os livros, compõe grande parte dos acervos de bibliotecas e centros de informações, sejam estes físicos ou digitais.

Os artigos científicos representam a unidade de informação essencial em um periódico. Por meio deles, as ideias do autor são convertidas em conhecimento acadêmico, que se torna de acesso público[309].

Os periódicos são veículos eletrônicos que disponibilizam pesquisas científicas[310].

Esse tipo de publicação segue um cronograma regular, que pode ser anual, semestral, trimestral, mensal, ou seja, o ponto chave é que se sabe quando ocorrerá a próxima edição[311].

Além do caráter intrínseco de divulgação científica dos periódicos científicos, existem diversos tipos a serem observados:

- **Pesquisa original:** é o tipo mais comum de artigo científico usado para publicar relatórios completos de dados de pesquisa. É adequado para muitos campos e tipos diferentes de estudos. Inclui seções completas de Introdução, Métodos, Resultados e Discussão;

---

309 PEREIRA, M. G. *Estrutura do artigo científico*. Epidemiologia e Serviços de Saúde, [S.L.], 2012. v. 21, n. 2, p. 351.

310 COELHO, B. *Você conhece os periódicos científicos?* 2021.

311 *Ibid.*

- **Relatórios curtos ou cartas:** transmitem relatórios breves de dados de pesquisas originais, os quais os editores acreditam que serão interessantes para muitos pesquisadores. Estes provavelmente estimularão pesquisas adicionais em um campo de publicação. São relativamente curtos, portanto são úteis para cientistas com resultados que são sensíveis ao tempo;

- **Artigos de revisão:** artigos de revisão apresentam um resumo abrangente da pesquisa sobre um determinado tema e uma perspectiva sobre o estado do campo e para onde ele está indo. Eles frequentemente são escritos por líderes em uma disciplina específica após um convite dos editores de um periódico. Frequentemente, as revisões são amplamente lidas (por exemplo, por pesquisadores procurando por uma introdução completa a um campo) e altamente citadas. As Revisões comumente citam aproximadamente 100 artigos de pesquisa primários;

- **Estudos de caso:** esses artigos relatam aspectos específicos de fenômenos interessantes. Um objetivo dos estudos de caso é chamar a atenção de outros pesquisadores para a possibilidade de ocorrência de um fenômeno específico. É frequentemente usado na medicina para relatar a ocorrência de patologias anteriormente desconhecidas ou emergentes;

- **Metodologias ou métodos:** apresentam um novo método experimental, teste ou procedimento. O método descrito pode ser completamente novo ou oferecer uma visão melhor de um método existente. Deve descrever um avanço demonstrável em relação às metodologias disponíveis no momento[312].

---

312   SPRINGER. *Tipos de artigos de periódico*, 2023.

Os artigos de periódicos costumam ser organizados em grandes bases de dados. Estas podem ser gratuitas ou pagas. E como podemos imaginar, existe grande quantidade de artigos científicos publicados anualmente.

A NBR 6022 estabelece os princípios fundamentais para a elaboração e exibição dos componentes que formam artigos em um periódico de caráter técnico ou científico[313].

Serão apresentados a seguir, exemplos de partes da estrutura de doutrina (artigos de periódico), com base em publicações de vários tipos da área do direito, e na NBR 6022 – Informação e documentação – Artigo em publicação periódica científica impressa.

Artigos de periódicos

Artigo de periódico impresso: os artigos de periódicos impressos costumam ser padronizados de acordo com as regras de cada revista. Cada periódico tem um padrão próprio, de acordo com as regras editoriais. Geralmente, são compostos por título, sumário e palavras-chave (nos idiomas que a revista exigir), e desenvolvimento do texto. O número de páginas dos artigos pode variar, e os indexadores costumam consultar poucas páginas para a indexação, principalmente a primeira e a segunda. Raramente consultam a conclusão ou considerações finais do artigo.

---

313   ABNT (2023, p. 1).

Figura 23 – Exemplos de artigos de periódico impresso da área jurídica

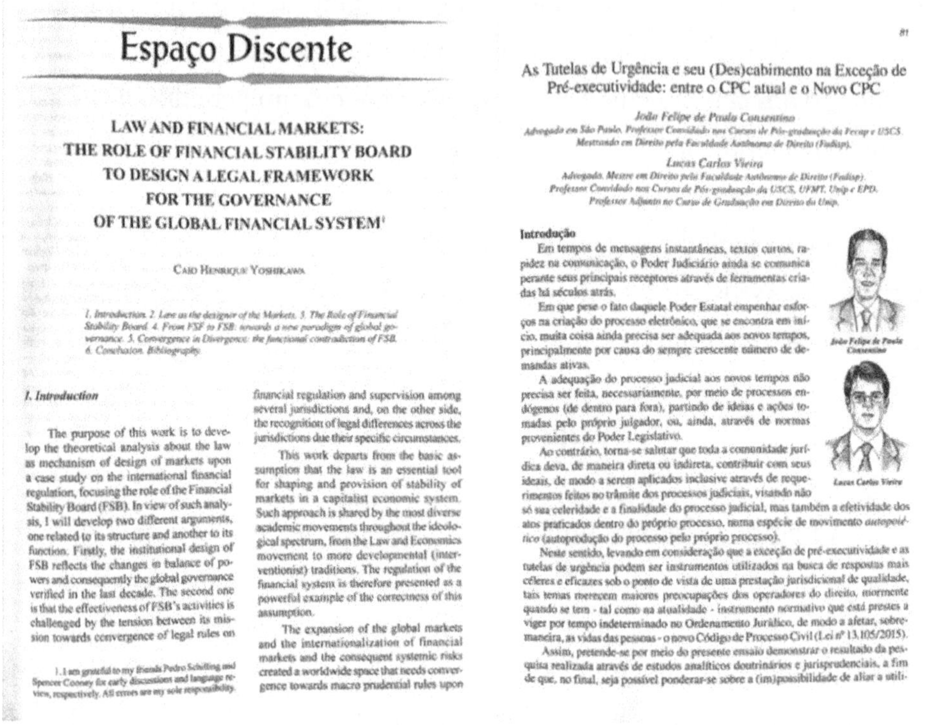

Fonte: Yoshikawa; Consentino (compilado pela autora).

Artigo de periódico digital: os artigos de periódicos digitais são estruturados da mesma forma que os artigos impressos. Muitos são publicados em meio digital e também em meio impresso. O que diferencia os dois formatos é o acesso. O acesso do artigo em papel se dá por meio da compra do fascículo; este será organizado na biblioteca de acordo com sua política. O acesso ao artigo digital se dá por meio de assinatura, e o tipo de acesso define se será possível fazer *download* do artigo ou somente consultá-lo por meio de plataforma específica durante a vigência do plano. A leitura documentária dos indexadores costuma ocorrer da mesma forma para os dois tipos de artigo.

Figura 24 – Exemplos de artigos de periódico digital da área jurídica

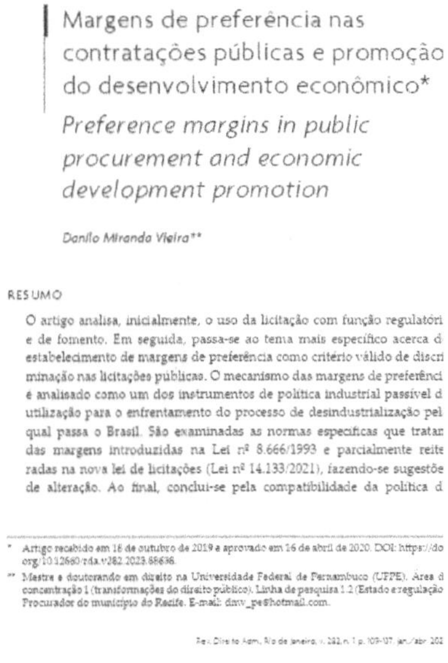

Margens de preferência nas contratações públicas e promoção do desenvolvimento econômico*

Preference margins in public procurement and economic development promotion

*Danilo Miranda Vieira***

RESUMO

O artigo analisa, inicialmente, o uso da licitação com função regulatóri e de fomento. Em seguida, passa-se ao tema mais específico acerca d estabelecimento de margens de preferência como critério válido de discri minação nas licitações públicas. O mecanismo das margens de preferênci é analisado como um dos instrumentos de política industrial passível d utilização para o enfrentamento do processo de desindustrialização pel qual passa o Brasil. São examinadas as normas específicas que tratar das margens introduzidas na Lei nº 8.666/1993 e parcialmente reite radas na nova lei de licitações (Lei nº 14.133/2021), fazendo-se sugestõe de alteração. Ao final, conclui-se pela compatibilidade da política d

* Artigo recebido em 18 de outubro de 2019 e aprovado em 16 de abril de 2020. DOI: https://do org/10.12660/rda.v282.2023.88636.

** Mestre e doutorando em direito na Universidade Federal de Pernambuco (UFPE). Área d concentração 1 (transformações do direito público). Linha de pesquisa 1.2 (Estado e regulação Procurador do município do Recife. E-mail: dmv_pe@hotmail.com.

Rev. Direito Adm., Rio de Janeiro, v. 282, n. 1, p. 109-137, jan./abr. 202

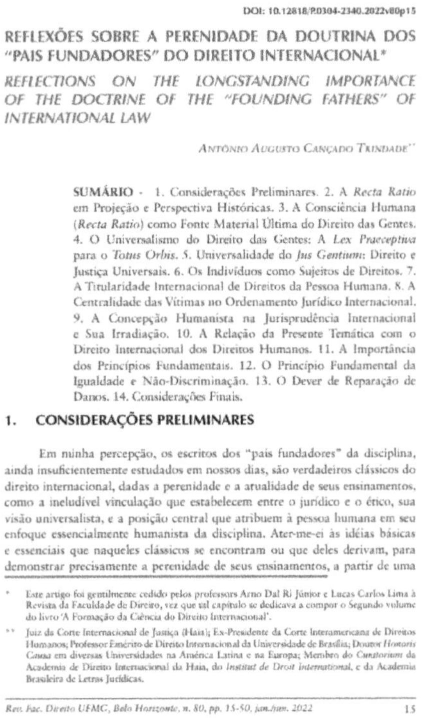

DOI: 10.12818/P.0304-2340.2022v80p15

REFLEXÕES SOBRE A PERENIDADE DA DOUTRINA DOS "PAIS FUNDADORES" DO DIREITO INTERNACIONAL*

REFLECTIONS ON THE LONGSTANDING IMPORTANCE OF THE DOCTRINE OF THE "FOUNDING FATHERS" OF INTERNATIONAL LAW

*Antônio Augusto Cançado Trindade***

SUMÁRIO - 1. Considerações Preliminares. 2. A *Recta Ratio* em Projeção e Perspectiva Históricas. 3. A Consciência Humana (*Recta Ratio*) como Fonte Material Última do Direito das Gentes. 4. O Universalismo do Direito das Gentes: A *Lex Praeceptiva* para o *Totus Orbis*. 5. Universalidade do *Jus Gentium*: Direito e Justiça Universais. 6. Os Indivíduos como Sujeitos de Direitos. 7. A Titularidade Internacional de Direitos da Pessoa Humana. 8. A Centralidade das Vítimas no Ordenamento Jurídico Internacional. 9. A Concepção Humanista na Jurisprudência Internacional e Sua Irradiação. 10. A Relação da Presente Temática com o Direito Internacional dos Direitos Humanos. 11. A Importância dos Princípios Fundamentais. 12. O Princípio Fundamental da Igualdade e Não-Discriminação. 13. O Dever de Reparação de Danos. 14. Considerações Finais.

1. CONSIDERAÇÕES PRELIMINARES

Em minha percepção, os escritos dos "pais fundadores" da disciplina, ainda insuficientemente estudados em nossos dias, são verdadeiros clássicos do direito internacional, dadas a perenidade e a atualidade de seus ensinamentos, como a ineludível vinculação que estabelecem entre o jurídico e o ético, sua visão universalista, e a posição central que atribuem à pessoa humana em seu enfoque essencialmente humanista da disciplina. Ater-me-ei às idéias básicas e essenciais que naqueles clássicos se encontram ou que deles derivam, para demonstrar precisamente a perenidade de seus ensinamentos, a partir de uma

* Este artigo foi gentilmente cedido pelos professors Arno Dal Ri Júnior e Lucas Carlos Lima à Revista da Faculdade de Direito, vez que tal capítulo se dedicava a compor o Segundo volume do livro 'A Formação da Ciência do Direito Internacional'.

** Juiz da Corte Internacional de Justiça (Haia); Ex-Presidente da Corte Interamericana de Direitos Humanos; Professor Emérito de Direito Internacional da Universidade de Brasília; Doutor *Honoris Causa* em diversas Universidades na América Latina e na Europa; Membro do *Curatorium* da Academia de Direito Internacional da Haia, do *Institut de Droit International*, e da Academia Brasileira de Letras Jurídicas.

Rev. Fac. Direito UFMG, Belo Horizonte, n. 80, pp. 15-50, jan./jun. 2022 15

Fonte: Vieira; Trindade. (compilado pela autora).

Tanto em livros quanto em artigos, a leitura documentária do indexador é condicionada em alguns pontos específicos. O formato não afeta de forma significativa a leitura documentária do indexador, os procedimentos de leitura e análise tendem a ser os mesmos tanto para documentos impressos, quanto para os em meio digital.

A NBR 6022 evidencia que a estrutura textual de artigos de periódicos remete à estrutura textual de livros. Porém, os artigos de periódicos são obras mais condensadas e densas, cheias de informações relevantes para o indexador.

Realizar uma indexação com atenção às partes das estruturas textuais, tanto de livros como de artigos de periódicos é crucial para uma representação de qualidade.

No capítulo final, entenderemos sobre metadados e sua relação com o processo de indexação. Aprenderemos sobre a indexação automática, e também, conheceremos alguns *softwares* que podem realizar tal processo.

6

Metadados e indexação

Neste capítulo, aprenderemos o que são metadados e qual é a sua relação com o processo de indexação.

Em termos gerais, metadados costumam ser definidos como informações que descrevem outras informações. No entanto, essa explicação, embora fácil de recordar, carece de precisão e detalhamento[314].

Metadados são informações referentes a outros dados e objetos, utilizados para caracterizar recursos tanto digitais como não digitais que estão presentes em um sistema distribuído dentro de uma rede[315].

---

314 COFIELD, M. *Metadata Basics*, 2023. p. 1.

315 RUSCH-FEJA, D. Metadata: Standards for Retrieving WWW Documents (and Other Digitized and Non-Digitized Resources). Library And Information Services *In: Astronomy III*, [S.L.], 1998. v. 153, n. 1.

Os metadados auxiliam as pessoas na localização de recursos e na avaliação de seu valor, independentemente da finalidade em questão[316]. Essa característica é crucial em ambientes digitais, pensando principalmente na busca pelos resultados almejados.

Para que os metadados sejam eficazes, é crucial que sigam padrões estabelecidos. Os convencionais envolvem diretrizes, estruturas e formatos de catalogação típicos de bibliotecas[317].

Com o crescimento do ambiente de informações eletrônicas, houve uma ampliação dos padrões para atender às demandas de descoberta e utilização de informações em um contexto de rede. Assim, em vez de se referirem como regras de catalogação eletrônica, o termo "metadados" passou a ser utilizado. Essa mudança também reflete a transição do enfoque tradicional em livros e materiais impressos nas bibliotecas para um enfoque mais abrangente, englobando todos os tipos de dados e objetos, inclusive aqueles digitalizados[318].

Os metadados, portanto, são antigos conhecidos da biblioteconomia. Ao buscar a expansão de tipos de documentos e de serviços em bibliotecas, os metadados foram aplicados com intenções organizacionais.

Os metadados abrangem uma ampla gama de informações, como dados bibliográficos semelhantes aos encontrados em catálogos de bibliotecas convencionais, descrições de assuntos, incluindo descritores, categorizações de classificação, resumos, entre outros. Além disso, eles englobam informações estruturais que definem o tipo e o tamanho dos recursos, requisitos técnicos para seu uso ou acesso, conexões (sejam temáticas, formais, referências ou citações), bem como prazos e condições para obtenção e uso dos recursos, entre outros detalhes[319].

---

316   Cofield (2023, p. 1).

317   Rusch-Feja (1998, p. 157).

318   Rusch-Feja (1998, p. 157).

319   Rusch-Feja (1998, p. 157).

Os metadados podem:

- Facilitar a organização, indexação, descoberta, acesso, análise e uso de recursos impressos e *online*;
- Permitir que os agentes de *software* naveguem e compreendam o conteúdo da *web*;
- Influenciar os resultados dos mecanismos de pesquisa, as classificações e as taxas de cliques;
- Serem ainda mais importantes para conteúdo não textual que não é prontamente processado por máquinas (por exemplo, imagens, multimídia, conjuntos de dados);
- A presença e a qualidade dos metadados (ou a falta deles) podem ajudar ou dificultar significativamente os gastos de tempo e dinheiro em atividades de pesquisa[320].

Como vimos, os metadados podem ser usados com diversos propósitos. Eles estão presentes em sistemas de informação de maneira ampla e assumem diversas formas. A maioria dos programas de *software* que utilizamos diariamente baseia-se em metadados para funcionar de maneira eficaz[321].

As pessoas desfrutam música no Spotify, compartilham fotos no Instagram, descobrem vídeos no YouTube e gerenciam suas finanças usando o Quicken. Elas também se conectam com amigos por meio de e-mails, mensagens de texto e plataformas de mídia social, além de armazenarem longas listas de contatos em seus dispositivos móveis. Todos esses tipos de conteúdo são acompanhados de metadados, que consistem em informações sobre a origem do item, seu nome, tópico, características e muito mais. Eles são essenciais para o funcionamento dos sistemas que contêm esse conteúdo, possibilitando que

---

320   Cofield (2023, p.1).

321   Riley (2017, p. 2).

os usuários encontrem itens de interesse, registrem informações importantes sobre eles e compartilhem esses dados com outras pessoas[322].

Entende-se, portanto, que um dos usos principais dos metadados é a organização de informações de itens diversos. Não importa se estes itens estão presentes no mundo físico ou no mundo digital.

Além da importância dos conceitos de metadados, também é crucial entender seus tipos. Assim, existem **três tipos principais** de metadados: descritivos, administrativos e estruturais.

- Os **metadados descritivos** permitem a descoberta, identificação e seleção de recursos. Pode incluir elementos como título, autor e assuntos;
- Os **metadados administrativos** facilitam o gerenciamento de recursos. Pode incluir elementos como técnica, preservação, direitos e uso;
- Os **metadados estruturais**, geralmente usados no processamento de máquinas, descrevem relacionamentos entre várias partes de um recurso, como capítulos de um livro.

Além desses tipos de metadados, existem quatro **categorias funcionais** principais de padrões de metadados:

- Os **padrões de estrutura** (*structure*) são conjuntos de elementos que foram definidos para uma finalidade específica. Padrões de estrutura também são conhecidos como esquemas ou conjuntos de elementos;
- Os **padrões de conteúdo** (*content*) ajudam a orientar os dados de entrada no conjunto de elementos. Exemplos comuns dessas regras de entrada incluem a formatação de nomes (por exemplo, sobrenome, primeiro), omitir artigos iniciais em um título e quando usar maiúsculas;
- Os **padrões de valor** (*value*) restringem ainda mais as possibilidades de entrada, limitando as escolhas a listas estabelecidas de termos ou

---

322   RILEY, J. *Understanding Metadata: what is metadata, and what is it for?* Baltimore: National Information Standards Organization, 2017. p. 2.

códigos. Isso ajuda a eliminar variações e ambiguidades. Os padrões de valor são geralmente chamados de vocabulários controlados;

■ Os **padrões de formato** (*format*) são as especificações técnicas de como codificar os metadados para legibilidade de máquina, processamento e troca entre sistemas. Essas especificações, que ajudam os metadados a irem do ponto A ao ponto B, geralmente são chamadas de formatos de dados ou padrões de codificação, e exemplos comuns incluem CSV, XML e RDF[323].

Vários métodos de busca de informações não examinam os próprios objetos nas coleções; em vez disso, eles operam com base em informações descritivas (metadados) sobre esses objetos[324].

Em síntese, podemos entender que os metadados podem ser usados para organizar itens físicos ou digitais em ambientes diversos.

Em geral, os metadados costumam ser compostos por um catálogo ou um registro de indexação, representando um resumo ou descrição para cada objeto. Normalmente, esses metadados são mantidos em um local separado em relação aos objetos que descrevem, embora ocasionalmente possam estar integrados aos próprios objetos[325].

Devido à função organizacional dos metadados, é uma realidade observar sua aplicação em diversas atividades e ferramentas de bibliotecas e outros centros de informação. Desta forma, torna-se necessário entender mais sobre metadados descritivos e sua relação com a representação de itens informacionais.

Os metadados descritivos normalmente são apresentados em formato de texto, mas têm a capacidade de descrever informações em diversos formatos, não se limitando apenas ao texto. Eles são úteis para categorizar imagens, gravações de áudio, mapas, *software* e outros tipos de conteúdo não textual,

---

323 UNIVERSITY OF TEXAS LIBRARIES. *Metadata Basics*, 2023.

324 ARMS, W. *Information retrieval and descriptive metadata*, 2023.

325 *Ibid.*

bem como para documentos em formato de texto. Em um único catálogo, é possível agrupar registros que abrangem diferentes gêneros, meios e formatos. Isso facilita que os usuários de bibliotecas digitais localizem materiais em todas as formas de mídia, realizando pesquisas em registros textuais relacionados a esses materiais[326].

Os metadados descritivos são comumente criados por profissionais da informação, esta tarefa árdua e que exige muita atenção e conhecimento de estruturas pode ser facilitada por meio da indexação automática e outras ferramentas.

Antes de falarmos sobre indexação, seus produtos, e a relação com os metadados, é necessário retomar o conceito de catálogo (já abordado no capítulo sobre catalogação de assuntos), seja em bibliotecas físicas ou digitais.

O termo "catálogo" é utilizado para descrever documentos que apresentam uma organização uniforme e estruturada, seguindo diretrizes sistemáticas específicas[327].

Os registros de catálogo são registros concisos que oferecem uma síntese de informações sobre um item pertencente a uma biblioteca[328]. Ressaltando aqui, que os itens representados via registros em catálogos podem ser físicos ou digitais.

Os catálogos de bibliotecas desempenham diversas funções, indo além da simples recuperação de informações. Alguns catálogos oferecem informações bibliográficas abrangentes que não podem ser obtidas diretamente dos próprios itens[329].

Aqui podemos incluir informações sobre os autores e informações de artefatos de museus.

---

326   Arms (2023).

327   Arms (2023).

328   Arms (2023, p. 2).

329   Arms (2023, p. 2).

Para gerenciar coleções, os catálogos contêm informações administrativas, como onde os itens são armazenados, seja *online* ou nas prateleiras da biblioteca.

Os catálogos costumam ser consideravelmente mais compactos em comparação com as coleções que eles representam. Nas bibliotecas tradicionais, os materiais guardados em longas estantes podem ser descritos por registros que podem ser armazenados em um grupo de gavetas com fichas em um local físico ou em um banco de dados *online*. Os índices em bibliotecas digitais podem ser replicados para melhorar o desempenho e a confiabilidade[330].

Em resumo, um catálogo oferece uma versão resumida de um registro de texto que condensa um documento mais extenso. Por outro lado, outros tipos de registros de indexação são menos rígidos que um catálogo, mas apresentam mais organização do que um simples resumo[331].

As áreas das ciências e outros campos técnicos confiam mais em serviços de resumo e indexação do que em catálogos. Em cada área científica, há um serviço disponível para auxiliar os usuários a localizar informações em artigos de revistas especializadas[332].

Adicionalmente, os metadados representam um dos pilares essenciais da ciência da informação. Diversos projetos têm como objetivo a extração automática de metadados de objetos digitais[333].

Neste contexto, é possível ligar os metadados ao conceito de indexação automática realizada por máquina, ou, indexação automática, tema da próxima seção.

---

330 Arms (2023).

331 Arms (2023).

332 ARMS, W. Automated Digital Libraries: *How Effectively Can Computers Be Used for the Skilled Tasks of Professional Librarianship?* D-Lib Magazine, [S.L.], 2000. v. 6, n. 7/8.

333 *Ibid.*

6.1 Indexação automática

Até aqui, entendemos os conceitos principais sobre indexação, análise de assunto, leitura documentária, além das diversas normas que podem ser aplicadas para facilitar e melhorar o processo de indexação. Aprendemos também conceitos básicos relacionados aos metadados, e como se relacionam com o processo de indexação.

Nesta seção, entenderemos mais sobre a indexação de itens em meio digital, ou, indexação automática.

A utilização de tecnologias cada vez mais sofisticadas na etapa de indexação é um tema amplamente debatido nesse campo. Isso se deve à necessidade de automatizar o processo de indexação devido à velocidade exigida dos indexadores na análise de cada documento[334].

Apesar do progresso tecnológico, nota-se a importância de ter um indexador humano envolvido nessa função. Isso se deve ao fato de que a indexação envolve uma atividade intelectual que ainda é considerada fora do alcance das máquinas, já que as máquinas não podem, atualmente, executar a tarefa humana de resumir, diferenciar, compreender e assimilar o conteúdo presente em um texto[335].

O processo de indexação, incluindo suas etapas, pode ser impactado pelas ações dos profissionais envolvidos. Essas influências podem estar relacionadas à linguagem, à cognição, a aspectos sociais e diversos outros fatores[336].

---

334 SILVA, S. R. B.; CORREA, R. F. *Sistemas de Indexação automática por atribuição*: uma análise comparativa. Encontros Bibli: Revista Eletrônica de Biblioteconomia e Ciência da Informação, [S.L.], 2020. v. 25, p. 2.

335 SANTOS, R. F. D. *Indexação em repositórios digitais: uma abordagem sobre o metadado assunto da biblioteca digital de monografias da UFRN*. Revista Informação na Sociedade Contemporânea, n. Especial, 2017. p. 6.

336 *Ibid.*

Este fato nos leva a uma reflexão importante: seria o indexador humano substituído pelas tecnologias?

A resposta é NÃO, ao menos por enquanto.

Embora tecnologias como inteligência artificial e aprendizado por máquina estejam cada vez mais aprimoradas, seus avanços não substituem o processo interpretativo proporcionado por um humano (lembrando dos tipos de raciocínio apresentados na seção 4.2).

Existem vários aspectos que tornam a mente humana mais confiável e justa do que as inteligências artificiais. Aspectos relacionados à vida em sociedade, moral e ética, são fatores imprescindíveis, considerados um diferencial no serviço do indexador humano.

E, por enquanto, este tipo de habilidade não está presente em serviços realizados por máquinas. Estas podem simular emoções e outras características humanas com certo nível de sucesso, mas não se sabe até que ponto esse tipo de competência pode ser prejudicial para a vida em sociedade.

Deve-se ter em mente, que em um futuro próximo, a identificação de conceitos em textos será facilitada pela tecnologia (o que já é observado em diversos contextos), o que permitirá que o indexador realize tarefas mais importantes em uma biblioteca ou centro de informação.

Isso se aplica aos profissionais da informação em geral, incluindo o profissional de indexação. Estes, portanto, devem ser bem instruídos e proficientes no processo que realizam.

Pensando no processo em si, para entender como a indexação é realizada em meio digital, devemos entender diversos fatores relacionados à indexação de documentos. Assim, torna-se necessário compreender os conceitos de indexação por extração e de indexação por atribuição.

A maior parte da indexação realizada por seres humanos é feita por meio de atribuição, o que implica a escolha de termos a partir de um vocabulário controlado. Na indexação por extração, por outro lado, palavras e expressões encontradas nos textos são empregadas para representar o documento como um todo. Nessa abordagem, o indexador humano procura selecionar os termos mais representativos para utilizar na descrição do documento[337].

Na indexação por extração automática, as palavras ou expressões presentes no texto são retiradas e empregadas para representar o conteúdo completo dele. Nesse contexto, a indexação se baseia na linguagem natural[338].

No entanto, a indexação automática por atribuição envolve o procedimento de descrever o conteúdo do documento por meio da escolha de termos provenientes de um vocabulário controlado específico[339].

A linguagem natural é um tipo de linguagem comumente usada na comunicação oral e escrita, ao contrário das linguagens documentárias e dos vocabulários controlados, que são linguagens criadas de acordo com as necessidades específicas dos usuários[340].

Desse modo, além dos conceitos de indexação por extração e de indexação por atribuição, faz-se necessário entender o que são linguagens documentárias e vocabulários controlados.

As linguagens documentárias, também conhecidas como linguagens de indexação, são linguagens criadas de forma artificial com o objetivo de representar de maneira concisa o conteúdo de um documento[341].

As bibliotecas ou unidades de informação utilizam linguagens documentais ou de indexação para descrever o conteúdo dos documentos que fazem parte de suas coleções, com o propósito de armazená-los e recuperar as

---

337   Lancaster (2004, p. 286).

338   NARUKAWA, C. M. *Estudo de Vocabulário Controlado na Indexação Automática: Aplicação no Processo de Indexação do Sistema de Indización Semiautomatica (SISA)*. 2011. 222 f. Dissertação (Mestrado) - Faculdade de Filosofia e Ciências, Universidade Estadual Paulista, Marília, 2011. p. 17.

339   *Ibid.*

340   Santos (2017, p. 7).

341   GUIM, V. L. R.; FUJITA, M. S. L. *As linguagens de Indexação e a análise de domínio*. 2015. p. 125.

informações contidas nesses documentos. Portanto, as linguagens documentais se dividem em duas categorias: as linguagens documentais hierárquicas e as documentais alfabéticas[342].

Desta forma, as linguagens documentárias podem ser divididas em duas classes, as pré-coordenadas, e as pós-coordenadas.

As linguagens documentárias hierárquicas ou pré-coordenadas são linguagens notacionais, o que significa que os termos são combinados antes de serem especificados. Exemplos dessas linguagens incluem sistemas de classificação, como a CDU (Classificação Decimal Universal) e a CDD (Classificação Decimal de Dewey)[343].

Nas linguagens documentárias alfabéticas ou pós-coordenadas, a coordenação dos termos ocorre após a sua definição. Essas linguagens são construídas com base em vocabulários controlados, como tesauros ou cabeçalhos de assunto[344].

Dentro da ciência da informação, os vocabulários controlados são comumente empregados pelos indexadores com o objetivo de manter a uniformidade e a estabilidade dos termos descritivos que representam o conteúdo informativo dos documentos[345].

Considerando todos os aspectos apresentados até o momento, é evidente a necessidade de consistência no processo de indexação.

A consistência na tradução dos termos está relacionada ao gerenciamento do vocabulário, assegurando que os descritores usados na indexação

---

342 *Ibid.*, p. 126.

343 *Ibid.*

344 *Ibid.*

345 CRUZ, M. C. A.; FERNEDA, E.; FUJITA, M. S. L. A *disponibilização de vocabulário controlado aos usuários para a recuperação da informação.* Revista Ibero-Americana de Ciência da Informação, 2022. p. 269.

sejam consistentes, com base em um vocabulário controlado que foi selecionado ou desenvolvido previamente[346].

Dentro de um sistema de recuperação de informações, é possível oferecer aos usuários o acesso ao vocabulário controlado, com o propósito de ajudá-los a criar suas próprias abordagens de pesquisa[347].

Resumidamente, o vocabulário controlado é uma ferramenta destinada a gerenciar os termos empregados em um sistema de informação. Isso significa que há uma estrutura estabelecida para representar os conceitos associados aos documentos[348].

A importância do vocabulário controlado transcende a capacidade de representação e localização de informações, desempenhando um papel fundamental como intermediário entre a linguagem utilizada pelo indexador, o documento e o usuário[349].

Agora que entendemos sobre linguagens documentárias e vocabulários controlados em indexação, devemos considerar que ela também pode ser intelectual, semiautomática e automática. Aprenderemos a seguir sobre estes três tipos de categorias de indexação.

Na literatura, há três termos que descrevem a automação do processo de indexação: indexação assistida por computador, indexação semiautomática e indexação automática. Cada um desses conceitos representa abordagens diferentes do processo[350].

Nesse sentido, temos três tipos de indexação[351]:

---

346   Cruz, Ferneda e Fujita (2022, p. 271).

347   Cruz, Ferneda e Fujita (2022, p. 269).

348   Cruz, Ferneda e Fujita (2022, p. 271).

349   Cruz, Ferneda e Fujita (2022, p. 272).

350   Narukawa (2011, p. 58).

351   Silva e Correa (2020) com base em Narukawa (2011).

A **indexação intelectual**, também conhecida como indexação manual, caracteriza-se por ser realizada integralmente por humanos, sem qualquer ferramenta de cunho tecnológico. Neste caso, o ser humano é totalmente responsável pela realização das fases da indexação.

A **indexação semiautomática** consiste em um trabalho de colaboração entre um sistema de computador e um humano. Basicamente, um sistema criado para este propósito realizará a análise do texto, então, um profissional da indexação fará uma avaliação dos termos identificados. Desta forma, o profissional poderá selecionar os termos mais significativos para representar um documento.

A **indexação automática** é uma seleção automática de conceitos por um sistema. Esta seleção ocorre com base na frequência com que os termos aparecem em um texto. Nenhuma interação humana é necessária, a seleção será feita somente com base em estatística.

Compreende-se também que, em todos os modelos de indexação, a questão da semântica é um desafio a ser abordado, devido à singularidade de cada língua, que, devido à sua evolução constante, provoca alterações contínuas no significado das palavras[352]. É neste sentido que se observa a importância do uso de linguagens documentárias para combater as dificuldades linguísticas na indexação.

Entendemos que a indexação em meio digital pode ser realizada considerando aspectos como sua classificação (intelectual, semiautomática e automática). Tudo depende do que é definido na política de indexação local, como usuários dos produtos da indexação, tipo de local, documentos analisados, entre outros fatores.

---

352   FELIPE, E. R. A *importância dos metadados em bibliotecas digitais: da organização à recuperação da informação*. 2012. 110 f. Dissertação (Mestrado) – Curso de Programa de Pós-graduação da Escola de Ciência da Universidade Federal de Minas Gerais, Universidade Federal de Minas Gerais, Belo Horizonte, 2012, p. 35.

A indexação automática, ou de itens digitais, portanto, será influenciada pelos conceitos de indexação por extração, pelo uso de vocabulários controlados, e ao considerar os três tipos de categorias de indexação.

A seguir, entenderemos sobre a aplicação da indexação de itens digitais, ou, indexação automática.

6.2 Aplicação

Dentro do campo da biblioteconomia e ciência da informação, a incorporação das tecnologias digitais causou uma mudança significativa nas práticas tradicionais de bibliotecas que têm sido seguidas ao longo do tempo[353].

As bibliotecas digitais surgem em um cenário em que se destacam a convergência e a utilização de tecnologias da informação e comunicação, redes de computadores, técnicas de apresentação e a redução dos custos dos dispositivos de armazenamento em grande escala[354].

Na literatura, existem diversos termos para se referir às bibliotecas cujos itens existem em ambiente digital.

A tentativa de encontrar uma definição mais clara e amplamente aceita para o termo "biblioteca digital" é complicada pela coexistência de três expressões – "biblioteca digital", "biblioteca eletrônica" e "biblioteca virtual" –, que têm significados distintos, mas frequentemente são utilizadas de forma intercambiável para se referir à mesma ideia[355].

---

353 ANNA, J. S.; DIAS, C. C. *Bibliotecas digitais e virtuais à luz da literatura brasileira*: da construção ao acesso. E-Ciencias de La Información, [S.L.], 2020. v. 10, n. 1, p. 5.

354 SAYÃO, L. F. *Afinal, o que é biblioteca digital?* Revista USP, [S.L.], n. 80, p. 6-17, 1 fev. 2009. Universidade de São Paulo, Agência USP de Gestão da Informação Acadêmica (AGUIA). p. 7.

355 *Ibid.*, p. 8.

Desta forma, usaremos nesta seção o termo "biblioteca digital".

O termo "biblioteca digital automatizada" pode ser empregado para descrever uma biblioteca digital na qual todas as atividades são realizadas de forma automática[356].

Os programas de computador assumem funções intelectualmente desafiadoras que costumavam ser desempenhadas por profissionais altamente qualificados. Essas responsabilidades englobam a seleção, catalogação, indexação, pesquisa de informações, serviços de referência, entre outras. A característica comum a todas essas atividades é a necessidade de uma atividade mental significativa, algo em que as pessoas são proficientes e que representa um desafio para os computadores. É importante destacar que as bibliotecas digitais automatizadas são distintas da automação de bibliotecas, que utiliza a computação para simplificar tarefas rotineiras em bibliotecas tradicionais[357].

Vale ressaltar que a excelência no serviço prestado por bibliotecas digitais automatizadas não será alcançada ao simplesmente copiar os métodos tradicionais da biblioteconomia[358].

Isso acontece porque as bibliotecas digitais, integradas ao ambiente de organização e recuperação, representam uma progressão em relação às bibliotecas convencionais. Elas são moldadas pela presença do meio digital, que introduziu uma abordagem totalmente nova na maneira como a informação é concebida e gerenciada[359].

A ficha catalográfica, conforme seu próprio nome sugere, é um registro que contém informações descritivas de um item bibliográfico. Essas informações seguem estruturas padronizadas de acordo com convenções internacionais. O objetivo principal é facilitar a identificação de elementos como autor,

---

356 Arms (2000).

357 Arms (2000).

358 Arms (2000).

359 Felipe (2012, p. 20).

título, conteúdo e tema, o que auxilia no processo de catalogação de itens em coleções bibliográficas. Além disso, a ficha catalográfica tem o propósito de simplificar a recuperação da informação e tornar o acesso mais eficiente. Inicialmente, a ficha catalográfica é particularmente relevante para a criação de catálogos. Os catálogos de bibliotecas que atualmente acessamos *online* são resultado da organização dos dados presentes nas fichas catalográficas. Antes da automação, essas fichas eram elaboradas manualmente pelos bibliotecários das instituições, impressas em papel mais rígido individualmente e organizadas em grandes arquivos, formando os catálogos físicos do acervo[360].

Figura 25 – Modelo de elaboração de ficha catalográfica

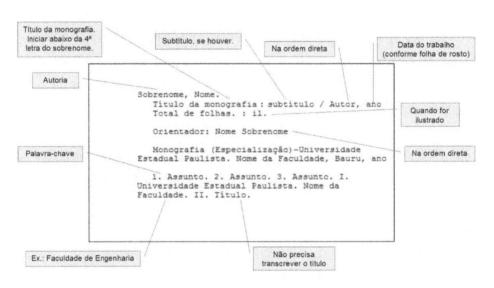

Fonte: Unesp (2023b).

---

360 TAVARES, T. *O que é ficha catalográfica?* 2020.

É nas fichas catalográficas que são inseridas as informações sobre a obra, localização física, e assuntos de determinado documento. As fichas catalográficas podem compor catálogos impressos em bibliotecas e serem impressas nos livros e outras monografias. Como vimos no capítulo sobre estruturas textuais, são costumeiramente incluídas no verso da folha de rosto dos mesmos.

Atualmente, algumas bibliotecas ainda possuem fichas catalográficas em papel nos seus catálogos impressos (principalmente por motivos históricos), mas a facilidade de alimentação, busca e recuperação da informação em *softwares* traz vantagens bastante competitivas na área de ciência da informação.

O avanço da computação transformou por completo todo o procedimento manual realizado em bibliotecas. A ficha catalográfica foi adaptada para um formato digital que pode ser lido e processado por computadores. Em outras palavras, durante a era da computação, uma nova perspectiva surgiu, uma vez que a capacidade de memória e processamento passou a contar com o auxílio de uma máquina capaz de lidar com enormes conjuntos de informações[361].

É muito comum encontrar metadados de documentos em acervos de bibliotecas universitárias. A maioria dos sites permite o *download* dos metadados em diversos formatos, como xlsx, csv, pdf, entre outros.

Nas imagens a seguir, temos o registro em catálogo digital do livro "indexação e Resumos", de Lancaster na Unesp.

---

361   Felipe (2012, p. 42).

Figura 26 – Detalhes do item na biblioteca digital

Detalhes

Título	Indexação e resumos : teoria e prática
Autor	Lancaster, F. Wilfrid Frederick Wilfrid 1933. >
Assunto	Indexação >
	Resumos -- Redação >
Editor	Brasília : Briquet de Lemos
Data de criação	2004
Edição	2. ed. -
Formato	452 p. : il.
Fonte	Catálogo das Bibliotecas da Rede Unesp
ISBN	8585637242

Fonte: Unesp (2023a).

Como podemos observar em parte do registro nas imagens, o livro está disponível em diversas bibliotecas da Unesp. É possível reservar e ter acesso ao número de chamada do item (endereço da localização física do item em determinada biblioteca).

Figura 27 – Localização do item na biblioteca digital

LOCALIZAÇÃO

Fac. Filosofia - Marília
Disponível , COL. GERAL ; 029.5 L245i 74.078
(22 exemplares, 22 disponível na biblioteca, 0 reservas)

Item disponível   Número de chamada adicional: 029.5 L245i 74.071
Tipo de material: Livro
Localização: Fac. Filosofia - Marília COL. GERAL 029.5 L245i 74.078
Código de barras: 1401074071

Fonte: Unesp (2023a).

Este tipo de serviço já é realidade na maioria, ou podemos arriscar dizer que, na totalidade das universidades brasileiras. Lembrando que os itens representados por meio de metadados em acervos digitais podem existir somente em meio digital (como os *e-books*), como também em meio físico, vide o caso das últimas imagens.

Dentro do contexto da rede de bibliotecas da Unesp, o Athena é um serviço que unifica a pesquisa da universidade. Ele permite realizar buscas abrangentes nos recursos físicos das bibliotecas, nas bases de dados licenciadas pela universidade, bem como no conteúdo disponível no Portal de Periódicos da Capes. Além disso, o Athena realiza buscas no Repositório Institucional e na Biblioteca Digital da Unesp.

As bibliotecas digitais no Brasil estão se expandindo em quantidade e aprimorando a maneira como interagem com os usuários. Isso é feito com o objetivo de tornar seu acervo acessível, independentemente do modelo tecnológico que escolhem adotar[362].

Percebe-se aqui a importância dos *softwares* que realizem o processo de indexação automática, sabendo que este processo demanda mais tempo e atenção do que a criação de metadados de itens documentais.

Desta forma, agora que entendemos como a indexação automática é aplicada em ambientes informacionais, aprenderemos a seguir sobre alguns sistemas e *softwares* que realizam ou facilitam o processo de indexação.

---

362   Felipe (2012, p. 31).

6.3 Softwares

A busca por informações destaca as capacidades complementares de computadores e seres humanos. As pessoas são proficientes na leitura de milhares de palavras e na extração de conceitos complexos[363].

Quando confrontados com um volume gigantesco de um bilhão de páginas (algo equivalente ao tamanho da *web*), os seres humanos se sentem sobrecarregados. Em contrapartida, os computadores podem indexar todas as palavras em um bilhão de páginas e realizar pesquisas nos índices em busca de padrões simples quase que instantaneamente[364].

Percebe-se, portanto, que os indexadores humanos e indexadores automáticos têm capacidades e propósitos diferentes. Não podemos esperar uma indexação automática por parte de um humano, assim como não podemos esperar uma indexação complexa por parte de *softwares*.

Os serviços de pesquisa na *web* representam a vanguarda na busca automatizada de informações. Dentro de cada serviço, uma série de processos separados opera de forma automática, e cada um deles é limitado pelo estado atual da tecnologia da computação. Para criar os índices, um *web crawler* deve tomar decisões sobre quais páginas incluir, eliminar duplicatas, criar registros resumidos para cada página e adicionar os termos encontrados nas páginas aos seus arquivos invertidos. Para buscar no índice, o mecanismo de pesquisa deve converter a consulta do usuário em um comando de pesquisa, compará-lo com os arquivos invertidos, organizar os resultados em ordem e, por fim, apresentá-los ao usuário[365].

Ainda haverá demanda por bibliotecários e profissionais de ciência da informação, assim como especialistas em informação, para oferecer metada-

---

363   Arms (2000).

364   Arms (2020).

365   Arms (2020).

dos, mesmo quando parte deles for fornecida pelo autor, criador ou editor. Em algumas situações, isso pode implicar complementar os metadados provenientes dessas outras fontes[366].

Dentre os diversos *softwares* criados para a indexação, temos o **SISA** (*sistema de indización semi-automático*), idealizado em 1997 na Universidade de Murcia, na Espanha, por Isidoro Gil Leiva. O SISA foi inicialmente concebido com foco principalmente na área de biblioteconomia e documentação[367].

É um sistema especializado que realiza a indexação de forma automatizada, utilizando um vocabulário controlado e aplicando regras predefinidas de indexação com base na frequência e posição dos termos[368].Podemos resumir a lógica do SISA no momento da indexação automática.

No processo de análise de assunto, o algoritmo SISA examina o artigo a ser indexado em busca de termos que possam ser considerados descritores. Esses termos são então comparados com os descritores presentes no vocabulário controlado, e o algoritmo identifica o lugar em que esses termos foram retirados, seja do título, resumo ou texto do artigo. Esses módulos apresentados representam a divisão que o *software* realiza durante o seu processamento terminológico. No pré-processamento, o documento é marcado, indicando as partes específicas com marcadores como #CTI# (começo do título), #FTI# (fim do título), #CR# (começo do resumo), #FR# (fim do resumo), #CTE# (começo do texto) e #FTE# (fim do texto)[369].

---

366   Rusch-Feja (1998, p. 162).

367   Silva e Correa (2020, p. 3).

368   Silva e Correa (2020, p. 3).

369   SILVA, P. T. A *Indexação automática no processo de recuperação da informação*: técnicas de análise de assunto operadas pelos *softwares* de Indexação sisa, mhtx e o buscador google. 2018. 39 f. TCC (Graduação) - Curso de Biblioteconomia, Universidade Federal do Pará, Belém, 2018. p. 26.

Também temos o **MAUI** (*multi-purpose automatic topic indexing*). Trata-se de um sistema originado na Nova Zelândia que é capaz de operar em múltiplos idiomas e utiliza tanto um tesauro quanto um algoritmo de aprendizado de máquina. Ele cria um modelo a partir dos resultados da indexação realizada por humanos, representando os termos por meio de características estatísticas[370].

O MAUI realiza a extração automática dos termos mais relevantes de documentos de texto. Dependendo da finalidade, esses termos podem ser associados a tópicos, etiquetas, palavras-chave, frases-chave, termos do vocabulário, descritores, termos de índice ou até mesmo aos títulos de artigos da Wikipedia. Uma aplicação possível do MAUI é servir como uma ferramenta que sugere etiquetas ou tags, as quais descrevem os principais temas encontrados em documentos recém-adicionados. Essas tags podem ser ajustadas ou aprimoradas pelos usuários conforme necessário, o que pode contribuir para melhorar a consistência de uma folksonomia, mantendo, ao mesmo tempo, sua flexibilidade[371].

Podemos comparar os sistemas SISA e MAUI avaliando como eles operam e a sua capacidade de processamento na indexação automática por atribuição[372].

Ambos os sistemas compartilham algumas características, no entanto, após a análise comparativa, é possível chegar à conclusão de que o MAUI é mais promissor devido à inclusão de recursos adicionais relacionados ao processamento de linguagem natural que ele incorpora[373].

---

370   Silva e Correa (2020, p. 3).

371   *Ibid.*, p. 15.

372   *Ibid.*, p. 3.

373   *Ibid.*, p. 22.

Uma das suas vantagens está relacionada à sua capacidade de treinar um modelo de indexação usando um algoritmo de aprendizado de máquina[374].

Entende-se que o uso de aprendizado por máquina pode melhorar a eficácia na representação da informação, além de proporcionar a criação de modelos baseados na indexação manual (a melhor na opinião de estudiosos da área).

Além da comparação entre os dois sistemas, temos alguns sistemas de indexação automática usados no Brasil. Além do SISA, temos o **OGMA** e o **AUTOMINDEX**[375].

Figura 28 – Sistemas de indexação automática utilizados no Brasil

SISTEMAS	ORIGEM	DESCRIÇÃO	TIPO DE INDEXAÇÃO AUTOMÁTICA
OGMA	Universidade Federal de Minas Gerais, Brasil, 2008.	Desenvolvido por Luiz Cláudio Gomes Maia durante o doutorado para analisar textos em português por meio da extração de sintagmas nominais e cálculo do peso desses na indexação dos documentos.	Extração
SISA	Universidade de Múrcia, Espanha, 1999-2008.	Desenvolvido por Gil Leiva, extensível para análise de textos em diferentes idiomas e áreas do conhecimento, dado um vocabulário controlado e lista de palavras vazias.	Atribuição
AUTOMINDEX	Universidade de Brasília, Brasil, 1991.	Desenvolvido por Jaime Robredo, é um software que para propor os termos de indexação, confronta as palavras do texto com as de dois antidicionários concomitantes de palavras vazias: um com palavras invariáveis e outro com raízes de palavras não significativas.	Extração

Fonte: Silva e Correa, 2020, p. 9.

---

374   *Ibid.*, p. 22.

375   Silva e Correa (2020).

Além do OGMA e do AUTOMINDEX, o **PRECIS** (*preserved context index system*) também aparece na literatura em diversos momentos, são sistemas bastante conhecidos[376].

O PRECIS não consiste em uma lista predefinida de escritores, mas sim em um conjunto de procedimentos organizados que seguem estruturas sintáticas e semânticas. Por essa razão, ele é considerado uma metodologia de indexação que permite que o indexador crie índices de assunto e tesauros[377].

Para realizar essa tarefa, ele emprega a linguagem natural presente nos documentos indexados, tornando-a compatível com a linguagem natural do usuário, sem impor a necessidade de um vocabulário predefinido e uniformizado, como ocorre no uso de listas de cabeçalhos de assunto e sistemas de classificação[378].

O PRECIS oferece várias vantagens como uma metodologia de indexação distinta, uma vez que possibilita a construção de um vocabulário específico para o conjunto de documentos em análise, com o objetivo de manter a integridade do contexto presente nos documentos[379].

Outro aspecto crucial do PRECIS está relacionado à sua aplicação na época da pesquisa. Além de sua comprovada eficácia nas línguas francesa, alemã, dinamarquesa e polonesa, este sistema demonstrou resultados positivos em uma variedade de áreas, como Administração, Matemática, Medicina, Ciências Sociais, Música, artes visuais e artes do espetáculo. Ele também se mostrou útil para diferentes tipos de documentos, como livros, teses, artigos de periódicos e materiais especiais, como filmes, fotografias, microfilmes, microfichas e conteúdo audiovisual. Além disso, o PRECIS foi aplicado com

---

376   Citados por Fujita em diversas publicações.

377   Fujita (1989, p. 121).

378   FUJITA, M. S. L. Avaliação da eficácia de recuperação do sistema de Indexação PRECIS. Ciência da Informação, [S. l.], v. 18, n. 2, 1989. p. 121.

379   *Ibid.*

sucesso em redes de bibliotecas para fins de intercâmbio de informações, na criação de catálogos de assuntos de bibliotecas e na construção de thesaurus para o controle do vocabulário[380].

Além das várias ferramentas de indexação automática disponíveis, há também o **Dublin Core**. O conceito central e sua ênfase em uma estrutura simples era possibilitar que o criador do documento incluísse seus próprios metadados diretamente no objeto, muitas vezes no cabeçalho HTML[381].

O Dublin Core pode ser descrito como um conjunto de elementos de metadados projetado para simplificar a descrição de recursos eletrônicos. Lembrando que a palavra "metadado" se refere a informações que descrevem outros dados[382].

Podemos entender que consiste na catalogação do dado ou na descrição de um recurso eletrônico.

Os descritores do Dublin Core podem ser incorporados diretamente no documento em questão (como HTML, XML – *extensible markup language* e outros), ou, em alguns casos, a informação sobre metadados é mantida separadamente do recurso que está sendo catalogado[383].

Em resumo, as vantagens dos metadados, especialmente os do Dublin Core Metadata, envolvem a capacidade de incorporá-los no cabeçalho do documento HTML[384].

Além disso, a implementação de metadados é simples, especialmente quando se utiliza um modelo que não exige conhecimento em HTML. Eles melhoram a precisão e a capacidade de filtragem nas pesquisas, possibilitan-

---

380 *Ibid.*

381 Rusch-Feja (1998, p. 162).

382 SOUZA, M. I. F.; VENDRUSCULO, L. G.; MELO, G. C. *Metadados para a descrição de recursos de informação eletrônica: utilização do padrão Dublin Core.* Ciência da Informação, [S.L.], 2000. v. 29, n. 1, p. 93.

383 Souza, Vendrusculo e Melo (2000, p. 93).

384 Rusch-Feja (1998, p. 162).

do a organização de recursos que apresentam conexões formais, temáticas ou criativas entre si (uma abordagem multidimensional). Além disso, metadados oferecem métodos para padronizar informações e tirar proveito dos recursos da *internet* para fins científicos[385].

Com este capítulo final, foi possível aprender mais sobre alguns *softwares* relacionados à indexação automática.

A indexação não se resume a identificar de maneira simples algumas palavras que representam um documento. Esse processo é influenciado por diversos fatores, e há muitas variáveis a serem avaliadas, algumas das quais são discutidas nos capítulos deste livro. É um processo altamente intelectual, que exige atenção, conhecimento, e proficiência do profissional que a realiza.

Podemos concluir que embora as tecnologias na área estejam cada vez mais evoluídas, o processo de indexação será sempre necessário. Este pode ter suas fases, propósitos e aplicações transformadas e aprimoradas, mas dificilmente veremos o fim do processo de indexação, ou do indexador como profissional.

---

385   Rusch-Feja (1998, p. 162).

Referências

ALBRECHTSEN, H. *Subject analysis and indexing: from automated indexing to domain analysis*. The Indexer, London, oct. 1993. v.18, n.4, p. 219-224. Disponível em: https://citeseerx.ist.psu.edu/viewdoc/*download*?-doi=10.1.1.459.3730&rep=rep1&type=pdf. Acesso em: 07 mar. 2023.

ALBRECHTSEN, H.; HJØRLAND, B. *Information Seeking and Knowledge Organization: The presentation of a new book*. Knowl. Org., 1997. v. 24, n. 3, p. 136-144. Disponível em: https://www.researchgate.net/publication/275028453_Information_Seeking_and_Knowledge_Organisation_The_Presentation_of_a_New_Book. Acesso em: 07 mar. 2023.

ALMEIDA, C. C. de. *Conceito como signo: elemento semiótico para análise e mediação da informação*. Scire, Saragoza, jun. 2012. v. 2, n. 18, p. 49-55.

ALMEIDA, C. C.; FUJITA, M. S. L.; REIS, D. M. dos. *Peircean Semiotics and Subject Indexing: Contributions of Speculative Grammar and Pure Logic*.

Knowledge Organization: International Journal devoted to Concept Theory, Classification, Indexing and Knowledge Representation, 2013. v. 40, n. 4, p. 225-243.

ANNA, J. S.; DIAS, C. C. *Bibliotecas digitais e virtuais à luz da literatura brasileira: da construção ao acesso.* E-Ciencias de La Información, Universidad de Costa Rica. [S.L.], 1 jan. 2020. v. 10, n. 1, p. 3-27. http://dx.doi.org/10.15517/eci.v10i1.39882. Disponível em: https://www.scielo.sa.cr/scielo.php?script=sci_arttext&pid=S1659-41422020000100109. Acesso em: 02 jul. 2023.

ARMENGAUD, F. A *pragmática.* São Paulo: Parábola, 2006.

ARMS, W. *Automated Digital Libraries*: How Effectively Can Computers Be Used for the Skilled Tasks of Professional Librarianship? D-Lib Magazine, [S.L.], jul. 2000. v. 6, n. 7/8, p. 1-15. CNRI Acct. http://dx.doi.org/10.1045/july2000-arms. Disponível em: https://www.dlib.org/dlib/july00/arms/07arms.html. Acesso em: 25 jun. 2023.

ARMS, W. *Information retrieval and descriptive metadata.* Disponível em: https://www.cs.cornell.edu/wya/DigLib/text/Chapter10.html. Acesso em: 25 jun. 2023.

ASSOCIAÇÃO BRASILEIRA DE NORMAS TÉCNICAS. *ABNT NBR 12676.* Métodos para análise de documentos: determinação de seus assuntos e seleção de termos de Indexação. Rio de Janeiro: ABNT,1992.

ASSOCIAÇÃO BRASILEIRA DE NORMAS TÉCNICAS. *ABNT NBR 6022.* Informação e documentação: Artigo em publicação periódica técnica e/ou científica: apresentação. Rio de Janeiro: ABNT, 2018.

ASSOCIAÇÃO BRASILEIRA DE NORMAS TÉCNICAS. *ABNT NBR 6029.* Informação e documentação: livros e folhetos: apresentação. Rio de Janeiro: ABNT, 2006.

ASSOCIAÇÃO BRASILEIRA DE NORMAS TÉCNICAS. *ABNT NBR 6029*. Informação e documentação: livros e folhetos: apresentação. Rio de Janeiro: ABNT, 2023.

ASSOCIAÇÃO BRASILEIRA DE NORMAS TÉCNICAS. *ABNT: Informação e documentação - Livros e folhetos - Apresentação*. Disponível em: http://www.iso26000.com.br/noticia/2232/Informacao-e-documentacao-Livros-e--folhetos-Apresentacao. Acesso em: 02 jun. 2023.

ASSOCIAÇÃO BRASILEIRA DE NORMAS TÉCNICAS. *ABNT: Quem somos*. Disponível em: https://abnt.org.br/institucional/. Acesso em: 02 jun. 2023.

BAPTISTA, S. G *et al. O perfil do bibliotecário que atua na área jurídica: relato de pesquisa*. Revista Ibero-americana de Ciência da Informação: RICI, Brasília, jul./dez. 2008. v. 1, n. 2, p. 151-174. Disponível em: https://periodicos.unb.br/index.php/RICI/article/view/1545/1361. Acesso em: 07 mar. 2023.

BARROS, L. V. *Uma leitura sobre a Biblioteconomia Jurídica no Brasil e em países selecionados: contribuições, particularidades, semelhanças e diferenças*. Cadernos de Informação Jurídica, Brasília, jan. 2016. v. 3, n. 1, p. 176-216. Disponível em: https://www.cajur.com.br/index.php/cajur/article/view/87. Acesso em: 07 mar. 2023.

BERWIG, Aldemir. Direito Administrativo. [S. l.]: Editora Unijuí, 2019. *E-book.* ISBN 9788541902939. Disponível em: https://integrada.minhabiblioteca.com.br/#/books/9788541902939/. Acesso em: 21 mar. 2024.

BETIOLI, A. B. *Introdução ao direito*: lições de propedêutica jurídica tridimensional. 10. ed. São Paulo: Saraiva, 2008. 456 p.

BLIKSTEIN, I. *Kaspar Hauser ou a fabricação da realidade*. 2. ed. São Paulo: Cultrix, 1985.

BONFANTINI, M. A.; PRONI, G. Suposição: sim ou não? Eis a questão. *In*: ECO, U.; SEBEOK, T. A. (org.). *O signo de três*. São Paulo: Perspectiva, 2014. Cap. 5. p. 131-147.

BROWN, N. Metacognitive development and reading. *In*: SPIRO (org.). *Theorical issues in reading comprehension*. New Jersey: L. Erlbaum Associate Publisers, 1980.

CHAN, L. M. Cataloging and Classification: An Introduction. 2nd ed. New York: McGraw-Hill, 1994.

CHAUMIER, J. *Indexação: conceito, etapas, instrumentos*. Revista Brasileira de Biblioteconomia e Documentação. São Paulo: jan./jun. 1988. v. 21, n.1/2, p. 63-79.

CHU, C. M.; O'BRIEN, A. *Subject analysis: the critical first stage in indexing*. Journal of Information Science. Amsterdam: 1993. v. 1, n. 19, p. 439-454.

CARVALHO, A. T. de. *Teoria geral do direito: o constructivismo* lógico-semântico. 2009. Tese (Doutorado em Filosofia do Direito) - Pontifícia Universidade Católica de São Paulo, São Paulo, 2009. Disponível em: https://sapientia.pucsp.br/handle/handle/8649. Acesso em: 07 mar. 2023.

CAVALCANTI, M. C. *Interação leitor-texto*: aspectos de interpretação pragmática. Campinas: UNICAMP, 1989. 271 p.

CINTRA, A. M. M. *Elementos de linguística para estudos de Indexação*. Ciência da Informação, 1983. v. 12, n. 1, p. 5-22.

COELHO, B. *Você conhece os periódicos científicos?* 2021. Disponível em: https://blog.mettzer.com/periodicos/. Acesso em: 22 jun. 2023.

COFIELD, M. *Metadata Basics*. Disponível em: https://guides.lib.utexas.edu/metadata-basics. Acesso em: 06 mar. 2023.

CONSENTINO, João Felipe de Paula. As tutelas de urgência e seu (des) cabimento na exceção de pré-executividade. Revista dialética de direito processual: RDDP, n. 153, 2015

CRUZ, M. C. A.; FERNEDA, E.; FUJITA, M. S. L. *A disponibilização de vocabulário controlado aos usuários para a recuperação da informação*. Revista Ibero-Americana De Ciência Da Informação, 2022. 15(1), 266–282. Disponível em: https://doi.org/10.26512/rici.v15.n1.2022.42464. Acesso em: 06 jul. 2023.

CUNHA, P. F.; DIP, R. *Propedêutica jurídica*: uma perspectiva jusnaturalista. Campinas: Millennium, 2001. 304 p.

DASCAL, M. *La semiologie de Leibniz*. Paris: Aubier Montaigne, 1978.

DIAS, E. W. *Análise de assunto: percepção do usuário quanto ao conteúdo de documentos*. Perspectivas em Ciência da Informação, Belo Horizonte: jul./dez. 2004. v. 9, n. 2, p.146-157. Disponível em: https://brapci.inf.br/#/v/33389. Acesso em: 07 abr. 2023.

DIAS, E. W.; NAVES, M. M. L. *Análise de assunto*: teoria e prática. 2. ed. Brasília: Briquet de Lemos, 2013. 115 p.

DIAS, E. W., NAVES M. M. L., MOURA, M. A. O usuário-pesquisador e a análise de assunto. Perspect. cienc. inf., Belo Horizonte: jul./dez. 2001. v. 6, n. 2, p. 205 - 221. Disponível em: https://periodicos.ufmg.br/index.php/pci/article/view/23379. Acesso em: 07 abr. 2023.

ECO, U. *Semiótica e filosofia da linguagem*. (Teoria das artes e literatura). São Paulo: Piaget, 2001. 325 p.

ECO, U. *Tratado geral de semiótica*. (Estudos). 5. ed. São Paulo: Perspectiva, 2014. 282 p.

ELLIS, A. W. *Leitura, escrita e dislexia*: uma análise cognitiva. Porto Alegre: Artes Médicas, 1995.

ERICSSON, K. A. The influence of experience and deliberate practice on the development of superior expert performance. *In*: ERICSSON, K. A. (org.) *The Cambridge handbook of expertise and expert performance*. Cambridge: Cambridge University Press, 2006. p. 685-706. Disponível em: https://citeseerx.ist.psu.edu/viewdoc/*download*?doi=10.1.1.459.3750&rep=rep1&type=pdf. Acesso em: 07 mar. 2023.

FAIRTHORNE, R. A. *Content analysis, specification, and control*. Annual Review of Information Science and Technology, 1969. v. 4, p. 73-109.

FELIPE, E. R. A *importância dos metadados em bibliotecas digitais*: da organização à recuperação da informação. 2012. 110 f. Dissertação (Mestrado) - Curso de Programa de Pós-Graduação da Escola de Ciência da Universidade Federal de Minas Gerais, Universidade Federal de Minas Gerais, Belo Horizonte, 2012. Disponível em: https://repositorio.ufmg.br/bitstream/1843/ECID-943PDD/1/dissertacao_eduardo_v15.pdf. Acesso em: 02 jul. 2023.

FOSKETT, A. C. A *abordagem temática da informação*. Tradução: Antônio Agenor Briquet de Lemos. São Paulo: Polígono, 1973.

FRIEDMAN, A. Semiotics and Knowledge Organization. *In*: SMIRAGLIA, R. P.; LEE, H. (ed.). *Cultural Frames of knowledge*. Wisconsin-milwaukee: Ergon, 2012. Cap. 7. p. 125-134.

FUJITA, M. S. L. Avaliação da eficácia de recuperação do sistema de Indexação PRECIS. Ciência da Informação, [S. l.], 1989. v. 18, n. 2. DOI: 10.18225/ci.inf.v18i2.304. Disponível em: https://revista.ibict.br/ciinf/article/view/304. Acesso em: 29 jun. 2023.

Referências

FUJITA, M. S. L. A identificação de conceitos no processo de análise de assunto para Indexação. Revista Digital de Biblioteconomia e Ciência da Informação, Campinas: jul./dez. 2003. v. 1, n. 1, p. 60-90. Disponível em: https://periodicos.sbu.unicamp.br/ojs/index.php/rdbci/article/view/2089. Acesso em: 01 mar. 2023.

FUJITA, M. S. L. A leitura documentária na perspectiva de suas variáveis: leitor-texto-contexto. DataGramaZero, 2004. v. 5, n. 4, p. 1-27. Disponível em: https://brapci.inf.br/#/v/6568. Acesso em: 22 abr. 2023.

FUJITA, M. S. L. A leitura documentária e o processo de compreensão do indexador: memorial de investigação científica. *In*: FUJITA, M. S. L.; NEVES, D. A. de B.; DAL'EVEDOVE, P. R. (org.). *Leitura documentária*: estudos avançados para a Indexação. Marília: Oficina Universitária; São Paulo: Cultura Acadêmica, 2017. p. 15-50. Disponível em: https://www.marilia.unesp.br/Home/Publicacoes/leitura-documetnaria---ebook.pdf. Acesso em: 01 mar. 2023.

FUJITA, M. S. L.; NARDI, M. I. A. *A leitura em análise documentária*. Transinformação, set./dez. 1998. v. 10, n. 3. Disponível em: https://brapci.inf.br/#/v/23924. Acesso em: 22 abr. 2023.

FUJITA, M. S. L.; NARDI, M. I. A.; SANTOS, S. *A leitura em análise documentária*. Transinformação, set./dez. 1998. v. 10, n. 3. Disponível em: http://periodicos.puc-campinas.edu.br/seer/index.php/transinfo/article/viewFile/1556/1529. Acesso em: 25 jun. 2023.

FUJITA, M. S. L.; RUBI, M. P.; BOCCATO, V. R. C. As diferentes perspectivas teóricas e metodológicas sobre Indexação e catalogação de assuntos. *In*: FUJITA, M. S. L.; BOCCATO, V. R. C.; RUBI, M. P.; GONÇALVES, M. C. (org.). *A Indexação de livros*: a percepção de catalogadores e usuários de bibliotecas universitárias. Um estudo de observação do contexto sociocognitivo com protocolos verbais. São Paulo: Cultura Acadêmica, 2009. p. 19-42. Disponível em: http://periodicos.puc-campinas.edu.br/seer/index.php/transinfo/article/viewFile/1556/1529. Acesso em: 23 mar. 2023.

FUJITA, M. S. L.; SANTOS, L. B. P. *Política de Indexação em bibliotecas universitárias: estudo diagnóstico e analítico com pesquisa participante*. Transinformação, FapUNIFESP (SciELO). [S.L.]: abr. 2016. v. 28, n. 1, p. 59-76. Disponível em: http://dx.doi.org/10.1590/2318-08892016002800005. Acesso em: 02 jun. 2023.

GIACOMELLI, Cinthia L F.; ZAFFARI, Eduardo K.; SOUTO, Fernanda R.; et al. Direito Civil: Direito das Sucessões. [S. l.]: Grupo A, 2021. *E-book*. ISBN 9786556901329. Disponível em: https://integrada.minhabiblioteca. com.br/#/books/9786556901329/. Acesso em: 21 mar. 2024.

GIACOMELLI, Louzada C F.; BRAGA, Prestes C.; ELTZ, Koury M F. Direito autoral. [S. l.]: Grupo A, 2018. *E-book*. ISBN 9788595023383. Disponível em: https://integrada.minhabiblioteca.com.br/#/books/9788595023383/. Acesso em: 21 mar. 2024.

GIASSON, J. A *compreensão na leitura*. Lisboa: Asa, 1993. 317 p.

GUIM, V. L. R.; FUJITA, M. S. L. As *linguagens de Indexação e a análise de domínio*. p. 125-134. Disponível em: https://cip.brapci.inf.br/*download*/135210. Acesso em: 12 jul. 2023.

GUIMARÃES, J. A. C. Abordagens teóricas em tratamento temático da informação: catalogação de assunto, Indexação e análise documental. *In*: GARCÍA MARCO, Francisco Javier. (org.). *Avances y perspectivas en sistemas de información y de documentación*. Zaragoza: Prensas Universitarias de Zaragoza, 2009. p. 105-117. Disponível em: https://www.ibersid.eu/ojs/index.php/ibersid/article/*download*/3730/3491. Acesso em: 23 mar. 2023.

GUIMARÃES, J. A. C. A dimensão teórica do tratamento temático da informação e suas interlocuções com o universo científico da International Society for Knowledge Organization (ISKO). Revista Ibero-americana de Ciência da Informação (RICI), Brasília, 2008. v. 1, n. 1, p. 77-99. Disponível em: https://periodicos.unb.br/index.php/RICI/article/view/940. Acesso em: 23 mar. 2023.

GUINCHAT, C.; MENOU, M. Introdução geral às ciências e técnicas da informação e documentação. 2. ed. rev. aum. Brasília: MCT/CNPq/IBICT, 1994.

HARROWITZ, N. O arcabouço do modelo de detetivo: Charles S. Peirce e Edgar Allan Poe. In: ECO, U.; SEBEOK, T. A. (org.). O signo de três. São Paulo: Perspectiva, 2014. Cap. 9. p. 199-218.

HJØRLAND, B. Domain analysis in information science: eleven approaches-traditional as well as innovative. Journal of Documentation, 2002. v. 58, p. 422-462. Disponível em: https://www.researchgate.net/publication/249366184_Domain_analysis_in_information_science_Eleven_approaches_-_Traditional_as_well_as_innovative. Acesso em: 07 mar. 2023.

HUTCHINS, W. John. On the problem of 'Aboutness' in document analysis. Journal of Informatics, Norwich: abr. 1977. v. 1, n. 1, p.17-35.

INGWERSEN, P. Information retrieval interaction. London: Taylor Graham, 1992. 246p.

INTERNATIONAL ORGANIZATION FOR STANDARDIZATION. ISO 5963:1985 - Documentation - Methods for examining documents, determining their subjects, and selecting indexing terms. Genebra, 1985.

INTERNATIONAL ORGANIZATION FOR STANDARDIZATION. ISO: *About us.* Disponível em: https://www.iso.org/about-us.html. Acesso em: 25 mai. 2023.

INTERNATIONAL ORGANIZATION FOR STANDARDIZATION. *ISO 5963:1985 Documentation* — Methods for examining documents, determining their subjects, and selecting indexing terms. Disponível em: https://www.iso.org/standard/12158.html. Acesso em: 25 maio 2023.

Ipea. *Paratextos.* Disponível em: https://www.ipea.gov.br/sites/en-GB/000/2/pdf_release/32#:~:text=Elementos%20opcionais%2C%20as%20orelhas%20s%C3%A3o,e%2Fou%20sobre%20a%20obra. Acesso em: 21 jun. 2023.

JÚNIOR, Miguel H. Direito previdenciário. [S. l.]: Editora Manole, 2011. *E-book.* ISBN 9788520444375. Disponível em: https://integrada.minhabiblioteca.com.br/#/books/9788520444375/. Acesso em: 21 mar. 2024.

KATO, M. A. *No mundo da escrita:* uma perspectiva psicolinguística. (Fundamentos). 5. ed. São Paulo: Ática, 1995.

KLEIMAN, A. *Texto e leitor: aspectos cognitivos da leitura.* 7. ed. Campinas: Pontes, 2000. 82 p.

KOCH, I. V. *O texto e a construção dos sentidos.* 2 ed. São Paulo: Contexto, 1998.

KOCH, I. V. *O texto e a construção dos sentidos.* 10. ed. São Paulo: Contexto, 2016.

LANCASTER, F.W. *Indexação e resumos:* teoria e prática. 2.ed. Brasília: Briquet de Lemos, 2004.

LANGRIDGE, D. W. *Classificação:* abordagem para estudantes de biblioteconomia. Rio de Janeiro: Interciência, 1977.

LARA, M. L. G. É possível falar em signo e semiose documentária? Encontros Bibli: 2° número esp., 2° sem., 2006. Disponível em: https://periodicos. ufsc.br/index.php/eb/article/view/1518-2924.2006v11nesp3p18 . Acesso em: 25 jun. 2023.

LIMA, R. *A estrutura de uma capa de livro*. Disponível em: https://capista. com.br/a-estrutura-de-uma-capa-de-livro/. Acesso em: 21 jun. 2023.

LIVINGSTON, J. A. A. *Metacognition*: an overview, 1997. Disponível em: https://files.eric.ed.gov/fulltext/ED474273.pdf. Acesso em: 22 abr. 2023.

LOUREIRO, R. C. C. *A especialidade do Bibliotecário jurídico*: bases para uma interação com o usuário operador do Direito. [S.l], 2005. Disponível em: https://egov.ufsc.br/portal/conteudo/especialidade-do-bibliotec%C3%A-1rio-jur%C3%ADdico-bases-para-uma-intera%C3%A7%C3%A3o-com-o-u-su%C3%A1rio-operador-do. Acesso em: 07 mar. 2023.

MAI, J-E. Analysis in indexing: document and domain centered approaches. Information Processing and Management: An International Journal, Nova York: fev. 2004a v. 41, p.599-611.

MAI, J-E. Analysis in indexing: document and domain centered approaches. *Information Processing and Management*: An International Journal, Nova York, fev. 2005. v. 41, p. 599-611.

MAI, J-E. The concept of subject in a semiotic light. *In*: SCHWARTS, C.; RORVIG, M. (ed.). *Digital collections*: implications for users, funders, developers and maintainers. Medford, NJ: Information Today, 1997a. p. 54-64. Disponível em: https://www.researchgate.net/publication/234593922_The_ Concept_of_Subject_in_a_Semiotic_Light. Acesso em: 25 jun. 2023.

MAI, J-E. The concept of subject: on problems in indexing. *In*: McILWAINE, I. C. (ed.). *Knowledge organization for information retrieval*: 6th International Study Conference on Classification Research. The Hague, FID, 1997b. p. 60-67.

MAI, J-E. Deconstructing the Indexing Process. *Advances In Librarianship*, Denmark, 2000. v. 23, p.269-298.

MAI, J-E. Semiotics and indexing: an analysis of the subject indexing process. *Journal of Documentation*, 2001. v.57, n.5, p. 591-622. Disponível em: http://jenserikmai.info/Papers/2001_Semiotics.pdf. Acesso em: 25 jun. 2023.

MAI, J-E. The role of domains, documents, and decisions in indexing. *Advances in Knowledge Organization*, Washington: 2004b. v. 9, p. 207-213. Disponível em: http://jenserikmai.info/Papers/2005_AnalysisInIndexing.pdf. Acesso em: 07 mar. 2023.

MAMEDE, Gladston. Direito Societário (Direito Empresarial Brasileiro). [S. l.]: Grupo GEN, 2022. *E-book*. ISBN 9786559772582. Disponível em: https://integrada.minhabiblioteca.com.br/#/books/9786559772582/. Acesso em: 21 mar. 2024.

MARQUES JÚNIOR, A. M. Fontes de informação jurídico-legislativas. *Perspect. Cienc. Inf.*, Belo Horizonte: jul.1997. v. 2, n. 2, p. 163-174. Disponível em: https://brapci.inf.br/#/v/36744. Acesso em: 07 mar. 2023.

MARTINHO, N. O.; FUJITA, M. S. L. *La catalogación de matérias: apuntes históricos sobre su normalización.* **Scire** (Zaragoza), 2010. v. 16, p. 61-70.

MEDEIROS, M. B. B. *Terminologia brasileira em Ciência da Informação.* Ciência da Informação, Brasília, jul./dez. 1986. v. 15, n. 2, p. 135-142. Disponível em: https://ridi.ibict.br/bitstream/123456789/283/1/BRASCHER-CI1986.pdf. Acesso em: 07 abr. 2023.

MENDES, R. R. *Conhecimentos básicos sobre o bibliotecário jurídico: ferramentas e fontes da informação*. Rorg, Rio Grande: nov. 2010. p. 1-19, Disponível em: https://repositorio.furg.br/handle/1/5952. Acesso em: 07 mar. 2023.

MEY, E. S. A., Introdução à catalogação. Brasília: Briquet de Lemos, 1995.

MIKSA, F. The subject in the dictionary catalog from Cutter to the present. Chicago: American Library Association, 1983.

MIRAGEM, Bruno. Direito Civil - Direito das Obrigações. [S. l.]: Grupo GEN, 2021. *E-book*. ISBN 9788530994259. Disponível em: https://integrada.minhabiblioteca.com.br/#/books/9788530994259/. Acesso em: 21 mar. 2024.

MIRANDA, A. C. C. de; MIRANDA, E. S. de. Fontes de informação jurídica. Encontros Bibli: Revista Eletrônica de Biblioteconomia e Ciência da Informação, Santa Catarina, dez. 2017. v. 22, n. 50, p. 76-90. Disponível em: https://periodicos.ufsc.br/index.php/eb/article/view/1518-2924.2017v-22n50p76/34698. Acesso em: 07 mar. 2023.

MORAES, J. B. E. *A questão do Aboutness no texto narrativo de ficção*: Perspectivas metodológicas para a Ciência da Informação. 2011. 92 f. Tese (Livre-docência em Linguística e Documentação) - Departamento de Ciência da Informação, Unesp, Marília, 2011.

MOTTA, Sylvio. Direito Constitucional. [S. l.]: Grupo GEN, 2021. *E-book*. ISBN 9788530993993. Disponível em: https://integrada.minhabiblioteca.com.br/#/books/9788530993993/. Acesso em: 21 mar. 2024.

MOURA, M. A. *Ciência da informação e semiótica*: conexão de saberes. Encontros Bibli: Revista Eletrônica de Biblioteconomia e Ciência da Informação, Florianópolis, 2006. 2° n. especial, p. 1-17. 2° sem. Disponível em:

http://www.periodicos.ufsc.br/index.php/eb/article/view/366/430. Acesso em: 25 jun. 2023.

NARUKAWA, C. M. *Estudo de Vocabulário Controlado na Indexação Automática*: Aplicação no Processo de Indexação do Sistema de Indización Semiautomatica (SISA). 2011. 222 f. Dissertação (Mestrado) - Faculdade de Filosofia e Ciências, Universidade Estadual Paulista, Marília, 2011. Disponível em: https://repositorio.unesp.br/bitstream/handle/11449/93677/narukawa_cm_me_mar.pdf?sequence=1&isAllowed=y. Acesso em: 25 jun. 2023.

NASCIMENTO, L. M. B.; GUIMARÃES, J. A. C. Documento jurídico digital: a ótica da diplomática. *In*: PASSOS, Edilenice (org.). *Informação jurídica*: teoria e prática. Brasília: Thesaurus, 2004. p. 33-77.

NASSER, Salem. Direito Global. [S. l.]: Grupo Almedina (Portugal), 2021. *E-book*. ISBN 9786556273778. Disponível em: https://integrada.minhabiblioteca.com.br/#/books/9786556273778/. Acesso em: 21 mar. 2024.

NAVES, M. M. L. *Análise de assunto*: concepções. Revista de Biblioteconomia de Brasília, Brasília, jul./dez.1996. v. 20, n. 2, p. 215-226. Disponível em: https://www.brapci.inf.br/_repositorio/2010/03/pdf_89759389ea_0008824.pdf. Acesso em: 07 abr. 2023.

NAVES, M. M. L. *Estudo de fatores interferentes no processo de análise de assunto*. Perspect. Ciênc. Inf., Belo Horizonte, jul./dez. 2001. v. 5, n. 2, p. 189-203. Disponível em: https://brapci.inf.br/index.php/res/v/38439. Acesso em: 23 mar. 2023.

NERIS, L. de O. *Semiótica e leitura: o fazer-receptivo do leitor analista*. Estudos Semióticos, n. 2, São Paulo, 2006. Disponível em: http://www.revistas.usp.br/esse/article/view/49168. Acesso em: 25 jun. 2023.

NEVES, D. A. de B. Leitura e Metacognição: uma experiência em sala de aula. R. Eletr. Bibliotecon. Ci. Inf., Florianópolis, 2007. n. 24, p. 1-9, 2º sem. Disponível em: https://periodicos.ufsc.br/index.php/eb/article/view/1518-2924.2007v12n24p1/405. Acesso em: 22 abr. 2023.

NEVES, D. A. de B.; DIAS, E. W.; PINHEIRO, A. M. V. *Uso de estratégias metacognitivas na leitura do indexador*. Ci. Inf., Brasília, 01 set. 2006. v. 35, n. 3, p. 141-152. Disponível em: http://www.brapci.inf.br/_repositorio/2010/02/pdf_de6be734db_0008103.pdf. Acesso em: 22 abr. 2023.

NÖTH, W. *Semiótica do século XX*. São Paulo: Annablume, 1996.

PADILHA, Rodrigo. Direito Constitucional. [S. l.]: Grupo GEN, 2019. *E-book*. ISBN 9788530988319. Disponível em: https://integrada.minhabiblioteca.com.br/#/books/9788530988319/. Acesso em: 21 mar. 2024.

PASSOS, E. J. L. *O controle da informação jurídica no Brasil*: a contribuição do Senado Federal. Ciência da Informação, Brasília, set./dez. 1994. v. 23, n. 3, p. 363-368. Disponível em: http://revista.ibict.br/ciinf/article/view/537. Acesso em: 07 mar. 2023.

PASSOS, E. J. L.; BARROS, L. V. *Fontes de informação para pesquisa em direito*. Brasília: Briquet de Lemos, 2009. 170 p.

PEIRCE, C. S. *The Collected Papers of Charles Sanders Peirce*. Ed. Hartshorne, Charles; Weiss, Paul; Burks, Arthur. Cambridge, MA: Harvard University Press, 1931-1958. 8v.

PEIRCE, C. S. Escritos coligidos. *In*: PEIRCE, C. S.; FREGE, G. *Os pensadores*. São Paulo: Abril, 1980. p. 1-162.

PEIRCE, C. S. Guessing and The Founding of Pragmatism. *The Hound and Horn*: A Harvard Miscellany, Indianapolis, jun. 1929. v. 11, n. 3, p. 267-28, Trimestral.

PEIRCE, C. S. *Semiótica*. 2. ed. Perspectiva: São Paulo, 1995. 337 p.

PEREIRA, M. G. Estrutura do artigo científico. *Epidemiologia e Serviços de Saúde*, [S.L.]: FapUNIFESP (SciELO), jun. 2012. v. 21, n. 2, p. 351-352. Disponível em: http://dx.doi.org/10.5123/s1679-49742012000200018. Acesso em: 22 jun. 2023.

PIGNATARI, D. *Semiótica e literatura*. 6. ed. Cotia: Ateliê Editorial, 2004. 195 p.

PINTO, Fabiana L. Direito Tributário. [S. l.]: Editora Manole, 2012. *E-book*. ISBN 9788520444399. Disponível em: https://integrada.minhabiblioteca. com.br/#/books/9788520444399/. Acesso em: 21 mar. 2024.

PINTO, M.; GÁLVEZ, C. *Análisis documental de contenido*. Madrid: Síntesis, 1999.

RABER, D.; BUDD, J. M. Information as sign: semiotics and information science. Journal Of Documentation, [S. l.]: Emerald, out. 2003. v. 59, n. 5, p. 507-522.

REALE, M. *Lições preliminares de direito*. 25. ed. São Paulo: Saraiva, 2001.

REIS, D. M. A. dos. *A leitura documentária de bibliotecários jurídicos*: um estudo realizado a partir de aspectos da semiose e teoria da inferência observados na estrutura textual de doutrina. 2019. 211 f. Tese (Doutorado) - Curso de Programa de Pós-Graduação em Ciência da Informação (Ppgci), Universidade Estadual Paulista - Unesp - Campus de Marília., Marília, 2019. Disponível em: https://repositorio.unesp.br/handle/11449/181849. Acesso em: 04 jul. 2023.

REIS, Henrique Marcello dos; REIS, Claudia Nunes Pascon dos. Direito para administradores: direito comercial/empresarial, direito do consumidor e direito econômico. v.3. [S. l.]: Cengage Learning Brasil, 2012. *E-book*. ISBN

9788522108985. Disponível em: https://integrada.minhabiblioteca.com.br/#/books/9788522108985/. Acesso em: 21 mar. 2024.

RILEY, J. *Understanding Metadata:* what is metadata, and what is it for? Baltimore: National Information Standards Organization, 2017. Disponível em: https://groups.niso.org/higherlogic/ws/public/*download*/17446/Understanding%20Metadata.pdf. Acesso em: 06 mar. 2023.

RUBI, M. P. Política de Indexação. *In*: LEIVA, I. G.; FUJITA, M. S. L. (ed.). *Política de Indexação.* São Paulo: Cultura Acadêmica, 2012. p. 260. Disponível em: https://www.marilia.unesp.br/Home/Publicacoes/politica-de-Indexação_ebook.pdf. Acesso em: 02 jun. 2023.

RUBI, M. P. *Política de Indexação para construção de catálogos coletivos em bibliotecas universitárias.* 2008. 166 f. +. Tese (Doutorado) - Universidade Estadual Paulista, Faculdade de Filosofia e Ciências de Marília, 2008. Disponível em: http://hdl.handle.net/11449/103388. Acesso em: 02 jun. 2023.

RUBI, M. P. Os princípios da política de Indexação na análise de assunto para catalogação: especificidade, exaustividade, revocação e precisão na perspectiva dos catalogadores e usuários. *In*: FUJITA, M. S. L.; BOCCATO, V. R. C.; RUBI, M. P.; GONÇALVES, M. C. (org.). A *Indexação de livros:* a percepção de catalogadores e usuários de bibliotecas universitárias. Um estudo de observação do contexto sociocognitivo com protocolos verbais. São Paulo: Cultura Acadêmica, 2009. p. 19-42. Disponível em: https://books.scielo.org/id/wcvbc/pdf/boccato-9788579830150-06.pdf. Acesso em: 02 jun. 2023.

RUSCH-FEJA, D. *Metadata: Standards for Retrieving WWW Documents (and Other Digitized and Non-Digitized Resources).* Library and Information Services in Astronomy III, [S.L.], 01 fev.1998. v. 153, n. 1, p. 157-165. Disponível em: https://archive.ifla.org/documents/libraries/cataloging/metadata/drusch.pdf. Acesso em: 25 jun. 2023.

SANTOS, R. F. D. *Indexação em repositórios digitais: uma abordagem sobre o metadado assunto da biblioteca digital de monografias da UFRN*. Revista Informação na Sociedade Contemporânea, n. Especial, p. 1-22, 2017. Disponível em: http://hdl.handle.net/20.500.11959/brapci/106607. Acesso em: 24 jun. 2023.

SAUPERL, A. *Catalogers' common ground and shared knowledge*. Journal Of the American Society for Information Science and Technology, New York, 1 jan. 2004. v. 55, n. 1, p.55-63. Disponível em: https://*online*library.wiley.com/doi/abs/10.1002/asi.10351. Acesso em: 07 abr. 2023.

SAUPERL, A. *Subject cataloging process of Slovenian and American catalogers*. Journal of Documentation, 2005. v. 61, n. 6, p.713-734. Disponível em: https://www.emeraldinsight.com/doi/abs/10.1108/00220410510632059. Acesso em: 23 mar. 2023.

SAYÃO, L. F. *Afinal, o que é biblioteca digital?* Revista USP, [S.L.], 1 fev. 2009. n. 80, p. 6-17. Universidade de São Paulo, Agencia USP de Gestão da Informação Acadêmica (AGUIA). Disponível em: https://www.revistas.usp.br/revusp/article/*download*/13709/15527/0. Acesso em: 04 jul. 2023.

SEBEOK, T. A.; UMIKER-SEBEOK, J. Você conhece meu método: uma justaposição de Charles S. Peirce e Sherlock Holmes. *In:* ECO, U.; SEBEOK, T. A. *O signo de três*. São Paulo: Perspectiva, 2014. cap. 2. p. 13-58. (Estudos).

SILVA, P. *Vocabulário jurídico*. 32. ed. Rio de Janeiro: Forense, 2016.

SILVA, P. T. A *Indexação automática no processo de recuperação da informação*: técnicas de análise de assunto operadas pelos *softwares* de Indexação sisa, mhtx e o buscador google. 2018. 39 f. TCC (Graduação) - Curso de Biblioteconomia, Universidade Federal do Pará, Belém, 2018. Disponível em:

https://bdm.ufpa.br:8443/jspui/bitstream/prefix/553/1/TCC_IndexacaoAuto-maticaProcesso.pdf. Acesso em: 01 jul. 2023.

SILVA, S. R. B.; CORREA, R. F. *Sistemas de Indexação automática por atri-buição: uma análise comparativa.* Encontros Bibli: Revista Eletrônica de Bi-blioteconomia e Ciência da Informação, [S.L.], 7 jul. 2020. v. 25, p. 01-25. Universidade Federal de Santa Catarina (UFSC). Disponível em: https://periodicos.ufsc.br/index.php/eb/article/view/1518-2924.2020.e70740. Acesso em: 04 jul. 2023.

SILVEIRA, L. F. *Curso de semiótica geral.* São Paulo: Quartier Latin, 2007.

SMIRAGLIA, R. P. *Domain Analysis of Domain Analysis for Knowledge Or-ganization: Observations on an Emergent Methodological Cluster.* Knowled-ge Organization: International Journal devoted to Concept Theory, Classi-fication, Indexing and Knowledge Representation, jan. 2015. v. 42, n. 8, p. 602-611.

SOUZA, M. I. F.; VENDRUSCULO, L. G.; MELO, G. C. Metadados para a descrição de recursos de informação eletrônica: utilização do padrão dublin core. *Ciência da Informação,* [S.L.], abr. 2000. v. 29, n. 1, p. 93-102. IBICT. Disponível em: https://www.scielo.br/j/ci/a/tcW3q4WvNBQNTqTyLK8qf-FF/. Acesso em: 04 jun. 2023.

SOUZA, S. T. de. *A caracterização do documento jurídico para a organização da informação.* 2013. Dissertação (Mestrado em Ciência da Informação) - Universidade Federal de Minas Gerais, Belo Horizonte, 2013. Disponível em: http://www.bibliotecadigital.ufmg.br/dspace/handle/1843/ECIC-9CAHBP. Acesso em: 07 mar. 2023.

SPRINGER. *Tipos de artigos de periódico.* Disponível em: https://www.sprin-ger.com/br/authors-editors/authorandreviewertutorials/writing-a-journal-ma-nuscript/types-of-journal-articles/12011964. Acesso em: 02 jun. 2023.

TARTUCE, Flávio. Direito Civil - Direito das Sucessões. V. 6. Editora Forense, 2023.

TAVARES, T. *O que é ficha catalográfica?* 2020. Disponível em: https://unifor.br/*web*/bibliotecaunifor/o-que-e-ficha-catalografica. Acesso em: 02 jun. 2023.

TAYLOR, A. G. *The organization of the information.* 2. ed. Westport: Libraries Unlimited, 2004. 417 p.

TENNIS, J. T. Com o que uma Análise de Domínio se parece no tocante a sua forma, função e gênero? *Brazilian Journal of Information Science*, 2012. v. 6, p. 3-15. Disponível em: http://www2.marilia.unesp.br/revistas/index.php/bjis/article/view/. Acesso em: 07 mar. 2023.

TENNIS, J. T. Two axes of domains for domains analysis. *Knowledge Organization*, Wurzburg, 2003. v. 30, n. 3/4, p. 191-195. Disponível em: http://faculty.washington.edu/jtennis/Publications_files/Tennis2003KO30-3-4.pdf. Acesso em: 07 mar. 2023.

TERRA, A. L. Processos cognitivos na leitura documental: o que faz o indexador quando lê? *In:* FUJITA, M. S. L.; NEVES, D. A. de B.; DAL'EVEDO-VE, P. R. (org.). *Leitura documentária*: estudos avançados para a Indexação. São Paulo: Cultura Acadêmica, 2017. p. 51-67. Disponível em: http://www.marilia.unesp.br/Home/Publicacoes/leitura-documetnaria---ebook.pdf. Acesso em: 25 jun. 2023.

THELLEFSEN, T. *Semiotic Knowledge Organization: theory and method development.* Journal Semiotica, 2002. v. 142, p. 71-90.

TRINDADE, Antônio Augusto Cançado. Reflexões sobre a perenidade da doutrina dos "pais fundadores" do direito internacional. Revista da Faculdade de Direito da UFMG [Recurso Eletrônico], Belo Horizonte, n. 80, jan./jun. 2022.

TRUZZI, M. Sherlock Holmes: psicólogo social aplicado. *In*: ECO, U.; SE-BEOK, T. A. *O signo de três*. São Paulo: Perspectiva, 2014. cap. 3. p. 59-88. (Estudos).

Unesp. *Athena*. Disponível em: https://unesp.primo.exlibrisgroup.com/disco-very/search?vid=55Unesp_INST:Unesp. Acesso em: 25 jun. 2023a.

Unesp. *Ficha catalográfica*. Disponível em: https://www.bauru.unesp.br/Home/Div.Tec.Biblioteca/ficha_catalografica_real_.jpg. Acesso em: 01 jul. 2023b.

UNIVERSITY OF TEXAS LIBRARIES. *Metadata Basics*. 2023. Disponível em: https://guides.lib.utexas.edu/metadata-basics/key-concepts. Acesso em: 25 jun. 2023.

VIEIRA, D. M. Margens de preferência nas contratações públicas e promo-ção do desenvolvimento econômico. Revista de Direito Administrativo, [S. l.], v. 282, n. 1, p. 109–137, 2023.

YOSHIKAWA, Caio Henrique. Law and Financial Markets: the Role of Fi-nancial Stability Board to Design a Legal Framework for the Governance of the Global Financial System. Revista de Direito Mercantil, n. 166/167, 2014.